MATEMÁTICA
JOAMIR

2

JOAMIR ROBERTO DE SOUZA

Licenciado em Matemática pela Universidade Estadual de Londrina (UEL-PR).
Especialista em Estatística pela Universidade Estadual de Londrina (UEL-PR).
Mestre em Matemática pela Universidade Estadual de Londrina (UEL-PR).
Atua como professor de Matemática da rede pública de ensino.
Autor de livros didáticos para o Ensino Fundamental e o Médio.

FTD

FTD

Matemática Joamir – Matemática – 2º ano
Copyright © Joamir Roberto de Souza, 2017

Diretor editorial	Lauri Cericato
Gerente editorial	Silvana Rossi Júlio
Editora	Luciana Pereira Azevedo Remião
Editora assistente	Eliane Cabariti Casagrande Lourenço
Assessoria	Arlete Sakurata
Gerente de produção editorial	Mariana Milani
Coordenador de produção editorial	Marcelo Henrique Ferreira Fontes
Gerente de arte	Ricardo Borges
Coordenadora de arte	Daniela Máximo
Projeto gráfico	Bruno Attili, Juliana Carvalho
Projeto de capa	Sergio Candido
Ilustração de capa	Edu Ranzoni
Supervisora de arte	Isabel Cristina Corandin Marques
Editor de arte	Eduardo Benetorio
Diagramação	Yan Comunicação, Eduardo Benetorio, Gabriel Basaglia, Nadir Fernandes Racheti, Dayane Santiago, José Aparecido A. da Silva, Débora Jóia
Tratamento de imagens	Ana Isabela Pithan Maraschin, Eziquiel Racheti
Coordenadora de ilustrações e cartografia	Marcia Berne
Ilustrações	Daniel Bogni, Bentinho, Fábio Eugenio, Alex Rodrigues, Dayane Raven, Beatriz Mayumi, Roberto Zoellner, Marcos Machado, Aline Sentone, Danillo Souza, Ilustra Cartoon, Carol G., Edson Farias, Gabriela Vasconcelos, Estúdio Ornitorrinco, Laís Bicudo, Leo Teixeira, Enágio Coelho
Cartografia	Renato Bassani
Coordenadora de preparação e revisão	Lilian Semenichin
Supervisora de preparação e revisão	Izabel Cristina Rodrigues
Preparação	Iraci Miyuki Kishi
Revisão	Desirée Araújo, Edna Viana, Pedro Fandi, Renato Colombo Jr., Yara Affonso
Supervisora de iconografia e licenciamento de textos	Elaine Bueno
Iconografia	Mário Alves Coelho, Priscilla Liberato Narciso
Licenciamento de textos	André Luis da Mota
Supervisora de arquivos de segurança	Silvia Regina E. Almeida
Diretor de operações e produção gráfica	Reginaldo Soares Damasceno

Dados Internacionais de Catalogação na Publicação (CIP)
(Câmara Brasileira do Livro, SP, Brasil)

Souza, Joamir Roberto de
  Matemática : Joamir, 2º ano / Joamir Roberto de Souza. — 1. ed. — São Paulo : FTD, 2017.

  ISBN: 978-85-96-01045-0 (aluno)
  ISBN: 978-85-96-01046-7 (professor)

  1. Matemática (Ensino fundamental) I. Título.

17-04109   CDD-372.7

Índices para catálogo sistemático:
  1. Matemática : Ensino fundamental   372.7

1 2 3 4 5 6 7 8 9

Envidamos nossos melhores esforços para localizar e indicar adequadamente os créditos dos textos e imagens presentes nesta obra didática. No entanto, colocamo-nos à disposição para avaliação de eventuais irregularidades ou omissões de crédito e consequente correção nas próximas edições. As imagens e os textos constantes nesta obra que, eventualmente, reproduzam algum tipo de material de publicidade ou propaganda, ou a ele façam alusão, são aplicados para fins didáticos e não representam recomendação ou incentivo ao consumo.

Reprodução proibida: Art. 184 do Código Penal e Lei 9.610 de 19 de fevereiro de 1998.
Todos os direitos reservados à **EDITORA FTD**.

Rua Rui Barbosa, 156 – Bela Vista – São Paulo – SP
CEP 01326-010 – Tel. 0800 772 2300
Caixa Postal 65149 – CEP da Caixa Postal 01390-970
www.ftd.com.br
central.relacionamento@ftd.com.br

Produção gráfica
FTD EDUCAÇÃO | GRÁFICA & LOGÍSTICA
Avenida Antônio Bardella, 300 - 07220-020 GUARULHOS (SP)
Fone: (11) 3545-8600 e Fax: (11) 2412-5375

APRESENTAÇÃO

BRINCAR, JOGAR, INTERAGIR, EXPLORAR E DESCOBRIR: TUDO ISSO FAZ PARTE DA INFÂNCIA. O CONHECIMENTO MATEMÁTICO É FUNDAMENTAL PARA A COMPREENSÃO DO MUNDO À NOSSA VOLTA. NESTE LIVRO, POR MEIO DE TIRINHAS, DESENHOS, OBRAS DE ARTE, POEMAS, JOGOS E BRINCADEIRAS, VOCÊ VAI PERCEBER QUE A MATEMÁTICA É INTERESSANTE E DIVERTIDA! ESPERO QUE VOCÊ APROVEITE, AO MÁXIMO, TODAS AS EXPERIÊNCIAS QUE ESTE LIVRO IRÁ PROPORCIONAR.

O AUTOR.

FÁBIO EUGENIO

CONHEÇA SEU LIVRO

SEU LIVRO ESTÁ DIVIDIDO EM 8 UNIDADES.
CADA UNIDADE POSSUI ABERTURA, ATIVIDADES, SEÇÕES E BOXES.
AS ATIVIDADES APRESENTAM E DISCUTEM OS CONTEÚDOS MATEMÁTICOS DE FORMA INTERATIVA. O USO DE IMAGENS, TIRINHAS, POEMAS E OUTROS RECURSOS DEIXAM AS ATIVIDADES AINDA MAIS DIVERTIDAS.

ABERTURA DE UNIDADE

AS ABERTURAS DAS UNIDADES ESTÃO ORGANIZADAS EM PÁGINA DUPLA E APRESENTAM UMA DIVERSIDADE DE IMAGENS ACOMPANHADAS DE ALGUMAS QUESTÕES SOBRE O TEMA DA UNIDADE.

SEÇÕES

JOGOS E BRINCADEIRAS PROPÕE A CONSTRUÇÃO DE BRINQUEDOS E A REALIZAÇÃO DE BRINCADEIRAS E JOGOS, ENTRE OUTROS RECURSOS LÚDICOS, A FIM DE POTENCIALIZAR O ENSINO DE CONCEITOS MATEMÁTICOS. SÃO PRIORIDADES O USO DE RECURSOS QUE ESTIMULEM O MOVIMENTO CORPORAL E O RACIOCÍNIO LÓGICO-MATEMÁTICO.

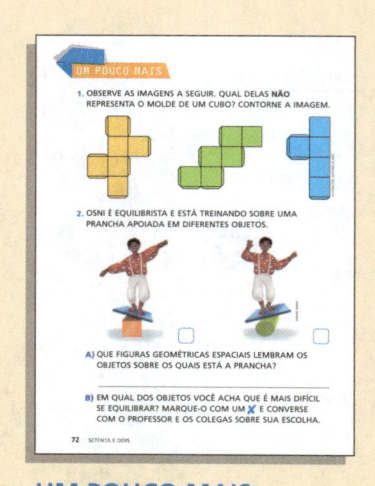

UM POUCO MAIS PROPÕE ATIVIDADES QUE RETOMAM O CONTEÚDO ESTUDADO NA UNIDADE E COMPLEMENTAM O APRENDIZADO.

BOXES

VOCÊ LEITOR
VOCÊ ESCRITOR
CONVIDA OS ALUNOS A DESENVOLVER DUAS HABILIDADES MUITO IMPORTANTES: A LEITURA, AO APRESENTAR UMA VARIEDADE DE TEXTOS E IMAGENS, E A ESCRITA, QUANDO É SOLICITADO O REGISTRO DOS PENSAMENTOS E DA APRENDIZAGEM, POR MEIO DE DESENHO, ENTREVISTA, ENTRE OUTRAS FORMAS.

ÍCONES

OS SÍMBOLOS A SEGUIR INDICAM COMO VOCÊ VAI RESOLVER ALGUMAS ATIVIDADES.

RESPONDA EM VOZ ALTA E TROQUE IDEIAS COM OS COLEGAS E O PROFESSOR!

A ATIVIDADE DEVE SER FEITA COM UM OU MAIS COLEGAS.

O CÁLCULO DEVE SER FEITO MENTALMENTE.

A ATIVIDADE PODE SER RESOLVIDA COM O AUXÍLIO DE UMA CALCULADORA.

MATERIAL COMPLEMENTAR
NA PARTE FINAL DO LIVRO, HÁ PEÇAS DESTACÁVEIS PARA REALIZAR ALGUMAS DAS ATIVIDADES PROPOSTAS NAS UNIDADES.

VOCÊ CIDADÃO PROPÕE QUE SUAS AÇÕES FAÇAM DIFERENÇA NO MUNDO E OBJETIVA A APRENDIZAGEM DO SIGNIFICADO DO QUE É SER CIDADÃO! TEMAS IMPORTANTES DA VIDA EM SOCIEDADE SÃO TRABALHADOS NESTE ESPAÇO.

FIQUE LIGADO
SUGERE LIVROS E *SITES* QUE PODEM CONTRIBUIR PARA A APRENDIZAGEM DOS CONCEITOS ESTUDADOS NAS UNIDADES.

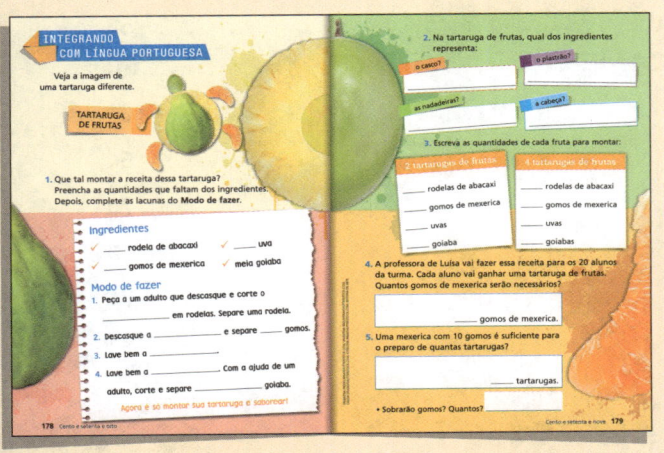

INTEGRANDO COM... JÁ OBSERVOU COMO ARTE, LÍNGUA PORTUGUESA, GEOGRAFIA, MATEMÁTICA, CIÊNCIAS E HISTÓRIA MANTÊM UM DIÁLOGO CONSTANTE? POIS BEM, NAS ATIVIDADES DE INTEGRAÇÃO VOCÊ VAI USAR O QUE APRENDEU EM DIFERENTES DISCIPLINAS E PERCEBER QUE HÁ MUITAS MANEIRAS DE ESTUDAR UM ASSUNTO.

SUMÁRIO

UNIDADE 1 — OS NÚMEROS ATÉ 100 10

- OS NÚMEROS ATÉ 10 12
- A DEZENA 14
- OS NÚMEROS ATÉ 19 15
- UM POUCO DE HISTÓRIA 16
- AS DEZENAS INTEIRAS 18
- OS NÚMEROS ATÉ 100 20
- NÚMEROS ORDINAIS 24
  - VOCÊ LEITOR 26
  - VOCÊ ESCRITOR 26
- NÚMEROS PARES E NÚMEROS ÍMPARES 27
  - JOGOS E BRINCADEIRAS 30
- ADIÇÃO 32
- SUBTRAÇÃO 36
- SEQUÊNCIAS 41
  - VOCÊ CIDADÃO 42
  - UM POUCO MAIS 44

UNIDADE 2 — FIGURAS GEOMÉTRICAS ESPACIAIS, LOCALIZAÇÃO E DESLOCAMENTO 46

- FIGURAS GEOMÉTRICAS ESPACIAIS 48
  - JOGOS E BRINCADEIRAS 58
- LOCALIZAÇÃO E DESLOCAMENTO 60
  - LOCALIZAÇÃO 60
  - DESLOCAMENTO 64
  - VOCÊ CIDADÃO 70
  - VOCÊ LEITOR 70
  - VOCÊ ESCRITOR 71
  - UM POUCO MAIS 72

UNIDADE 3 — GRANDEZAS E MEDIDAS ... 74

MEDIDAS DE COMPRIMENTO ... 76
- VOCÊ LEITOR ... 78
- VOCÊ ESCRITOR ... 78
- O CENTÍMETRO E O MILÍMETRO ... 80
- O METRO ... 84

MEDIDAS DE MASSA ... 86
- O QUILOGRAMA E O GRAMA ... 87

MEDIDAS DE CAPACIDADE ... 91
- O LITRO E O MILILITRO ... 92
- JOGOS E BRINCADEIRAS ... 94

MEDIDAS DE TEMPO ... 99
- O RELÓGIO ... 102
- INTEGRANDO COM HISTÓRIA ... 106
- UM POUCO MAIS ... 108

UNIDADE 4 — OS NÚMEROS ATÉ 1 000 ... 110

OS NÚMEROS ATÉ 99 ... 112
- VOCÊ LEITOR ... 113
- VOCÊ ESCRITOR ... 114
- JOGOS E BRINCADEIRAS ... 116

OS NÚMEROS DE 100 A 1 000 ... 118
- INTEGRANDO COM CIÊNCIAS ... 126
- UM POUCO MAIS ... 128

UNIDADE 5 — ADIÇÃO E SUBTRAÇÃO COM NÚMEROS ATÉ 1 000 — 130

- **ADIÇÃO** 132
- **OUTRAS ESTRATÉGIAS PARA RESOLVER ADIÇÕES** 136
  - JOGOS E BRINCADEIRAS 142
- **SUBTRAÇÃO** 144
- **OUTRAS ESTRATÉGIAS PARA RESOLVER SUBTRAÇÕES** 148
  - VOCÊ LEITOR 152
  - VOCÊ CIDADÃO 154
  - UM POUCO MAIS 156

UNIDADE 6 — MULTIPLICAÇÃO — 158

- **IDEIAS DA MULTIPLICAÇÃO: ADIÇÃO DE PARCELAS IGUAIS** 160
  - MULTIPLICAÇÃO NA CALCULADORA 166
- **IDEIAS DA MULTIPLICAÇÃO: DISPOSIÇÃO RETANGULAR** 168
- **O DOBRO E O TRIPLO** 172
  - VOCÊ ESCRITOR 172
  - VOCÊ LEITOR 173
  - JOGOS E BRINCADEIRAS 176
  - INTEGRANDO COM LÍNGUA PORTUGUESA 178
  - UM POUCO MAIS 180

UNIDADE 7 — ESTATÍSTICA E PROBABILIDADE ... 182

TABELAS ... 184
- VOCÊ LEITOR ... 187

GRÁFICOS DE COLUNAS ... 188
- VOCÊ ESCRITOR ... 192

PROBABILIDADE ... 194
- JOGOS E BRINCADEIRAS ... 198
- INTEGRANDO COM GEOGRAFIA ... 200
- UM POUCO MAIS ... 202

UNIDADE 8 — FIGURAS GEOMÉTRICAS PLANAS ... 204

LINHAS CURVAS E LINHAS RETAS ... 206
FIGURAS GEOMÉTRICAS PLANAS ... 208
- VOCÊ LEITOR ... 210
- JOGOS E BRINCADEIRAS ... 212

VISTAS ... 214
- VOCÊ CIDADÃO ... 218
- UM POUCO MAIS ... 220

FIQUE LIGADO ... 222
- SUGESTÕES DE LIVROS ... 222
- SUGESTÕES DE *SITES* ... 223

BIBLIOGRAFIA ... 224
- DOCUMENTOS OFICIAIS ... 224

MATERIAL COMPLEMENTAR ... 225

UNIDADE 1
OS NÚMEROS ATÉ 100

- O QUE AS CRIANÇAS ESTÃO FAZENDO?
- VOCÊ JÁ BRINCOU OU VIU ALGUÉM BRINCANDO COMO ESSAS CRIANÇAS? O QUE VOCÊ ACHOU?
- O QUE O MENINO DE CAMISETA AZUL ESTÁ FAZENDO?

ONZE 11

OS NÚMEROS ATÉ 10

1. LEIA O TEXTO COM O PROFESSOR E OS COLEGAS.

> NA BRINCADEIRA DE ESCONDER
> É IMPORTANTE ENTENDER,
> QUEM ATÉ DEZ CONTAR
> NUNCA DEVE ESPIAR.
>
> TEXTO DO AUTOR.

AGORA É A VEZ DE HEITOR PROCURAR SEUS AMIGOS! COMPLETE A CONTAGEM COM OS NÚMEROS QUE FALTAM.

1, 2, _____, _____, _____, _____, _____, _____, _____, _____.
LÁ VOU EU!

2. NA CENA A SEGUIR, ENCONTRE E CONTORNE AS CRIANÇAS QUE ESTÃO ESCONDIDAS.

- QUANTAS CRIANÇAS ESTÃO ESCONDIDAS? _____ CRIANÇAS.

3. OBSERVE A CENA E ESCREVA A QUANTIDADE DE CRIANÇAS QUE SE SALVARAM E AS QUE FORAM ENCONTRADAS EM UMA BRINCADEIRA DE ESCONDE-ESCONDE.

SALVAS

ENCONTRADAS

_____ CRIANÇAS.

_____ CRIANÇAS.

- QUANTAS CRIANÇAS ESTAVAM ESCONDIDAS NESSA BRINCADEIRA?

_____ CRIANÇAS.

4. ESCREVA O NÚMERO INDICADO EM CADA ITEM.

| 2 | DOIS |

| 1 | UM |

A DEZENA

1. JOSÉ ADORA USAR PALITOS DE SORVETE PARA MONTAR FIGURAS. OBSERVE O QUE ELE FEZ E COMPLETE A FRASE.

- JOSÉ USOU _____ UNIDADES OU **1 DEZENA** DE PALITOS.

A) MARQUE COM UM ✗ A FIGURA MONTADA COM 1 DEZENA DE PALITOS.

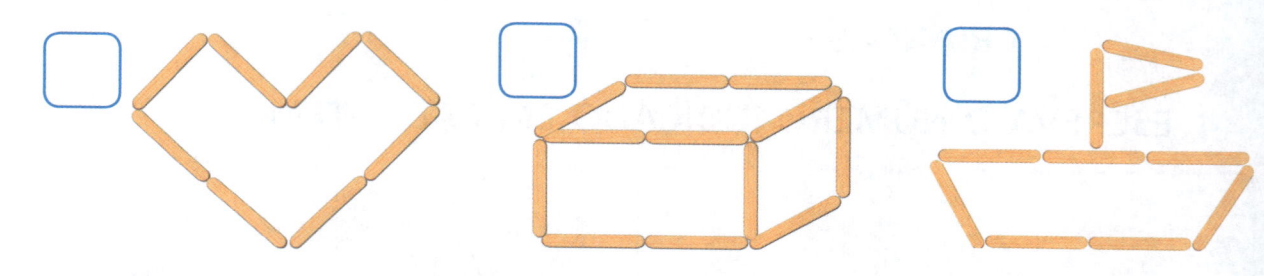

B) DESENHE PALITOS PARA COMPLETAR 1 DEZENA.

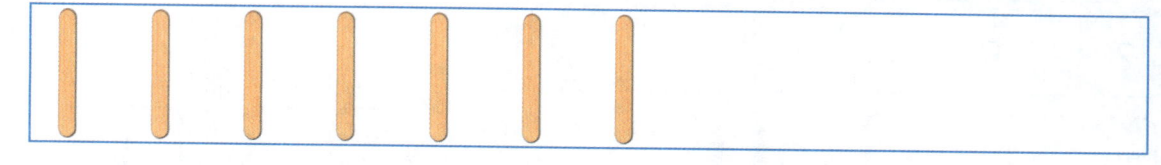

2. A DONA DE UMA LOJA DE BRINQUEDOS VAI DOAR 1 DEZENA DE PETECAS. ABAIXO ESTÁ A QUANTIDADE DE PETECAS QUE HÁ NA LOJA. CONTORNE AS PETECAS QUE ELA VAI DOAR.

- QUANTAS PETECAS VÃO SOBRAR NA LOJA? _____ PETECAS.

OS NÚMEROS ATÉ 19

1. OBSERVE AS IMAGENS ABAIXO. CONTORNE AS BOLINHAS DE GUDE DE CADA ITEM EM GRUPOS DE 10. DEPOIS, COMPLETE AS SENTENÇAS MATEMÁTICAS.

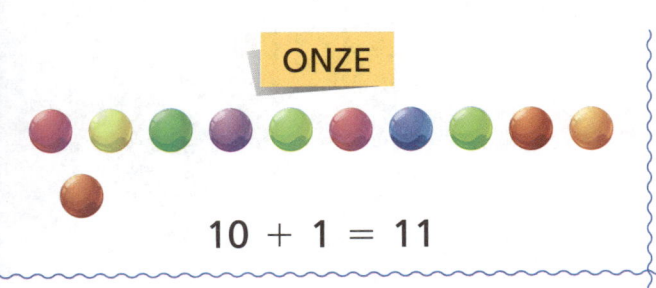

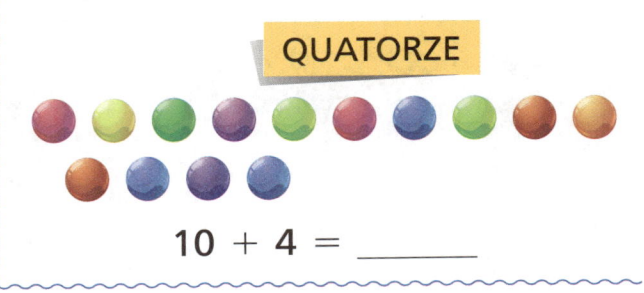

ONZE

10 + 1 = 11

DOZE

10 + 2 = 12

TREZE

10 + 3 = _____

QUATORZE

10 + 4 = _____

QUINZE

10 + 5 = _____

DEZESSEIS

10 + 6 = _____

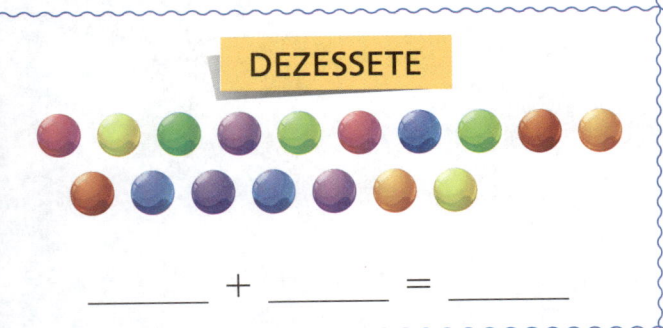

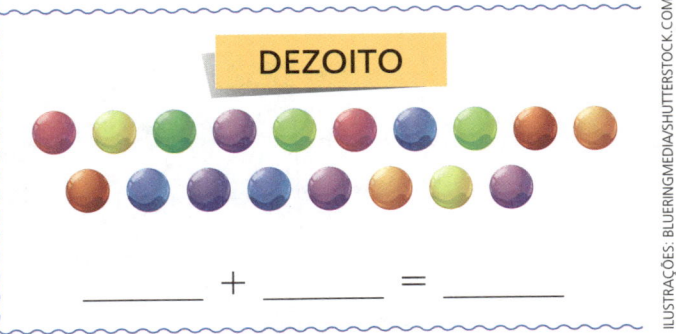

DEZESSETE

_____ + _____ = _____

DEZOITO

_____ + _____ = _____

DEZENOVE

_____ + _____ = _____

QUINZE **15**

UM POUCO DE HISTÓRIA

1. MUITOS ANOS ATRÁS, O SER HUMANO NÃO FAZIA CONTAGENS DA MANEIRA COMO FAZEMOS HOJE.

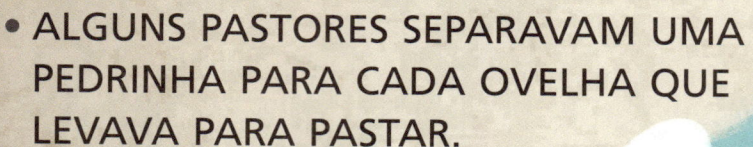

- ALGUNS PASTORES SEPARAVAM UMA PEDRINHA PARA CADA OVELHA QUE LEVAVA PARA PASTAR.

ILUSTRAÇÕES: BEATRIZ MAYUMI

- AO RETORNAR, ELES RETIRAVAM DO MONTE UMA PEDRINHA PARA CADA OVELHA RECOLHIDA.

💬 ÀS VEZES, SOBRAVAM PEDRINHAS E NÃO HAVIA MAIS OVELHAS PARA SEREM RECOLHIDAS. O QUE ISSO INDICAVA?

2. TODAS AS OVELHAS ABAIXO VÃO SAIR PARA PASTAR. SEPARE UM OBJETO PARA CADA OVELHA.

- OBSERVE AS OVELHAS RECOLHIDAS. PARA CADA UMA DELAS, RETIRE UM DOS OBJETOS SEPARADOS.

A) FALTOU RECOLHER ALGUMA OVELHA?
_____

B) CONTE AS OVELHAS QUE FORAM:

- PASTAR: _____ OVELHAS.

- RECOLHIDAS: _____ OVELHAS.

C) QUANTAS OVELHAS NÃO FORAM RECOLHIDAS?

_____ OVELHAS.

D) QUAL DAS MANEIRAS DE CONTAR VOCÊ ACHA MAIS FÁCIL: COM OBJETOS OU COM NÚMEROS?

DEZESSETE

AS DEZENAS INTEIRAS

1. ANA É OPERADORA DE CAIXA EM UM MERCADO. OBSERVE O QUE ELA ESTÁ DIZENDO.

FAÇO PILHAS COM DEZ MOEDAS DE 1 REAL PARA CONTÁ-LAS.

A) OBSERVE AS PILHAS DE MOEDAS A SEGUIR E COMPLETE OS ESPAÇOS.

10 UNIDADES
OU
1 DEZENA

10 MOEDAS

____ UNIDADES
OU
____ DEZENAS

20 MOEDAS

____ UNIDADES
OU
____ DEZENAS

30 MOEDAS

____ UNIDADES
OU
____ DEZENAS

40 MOEDAS

____ UNIDADES
OU
____ DEZENAS

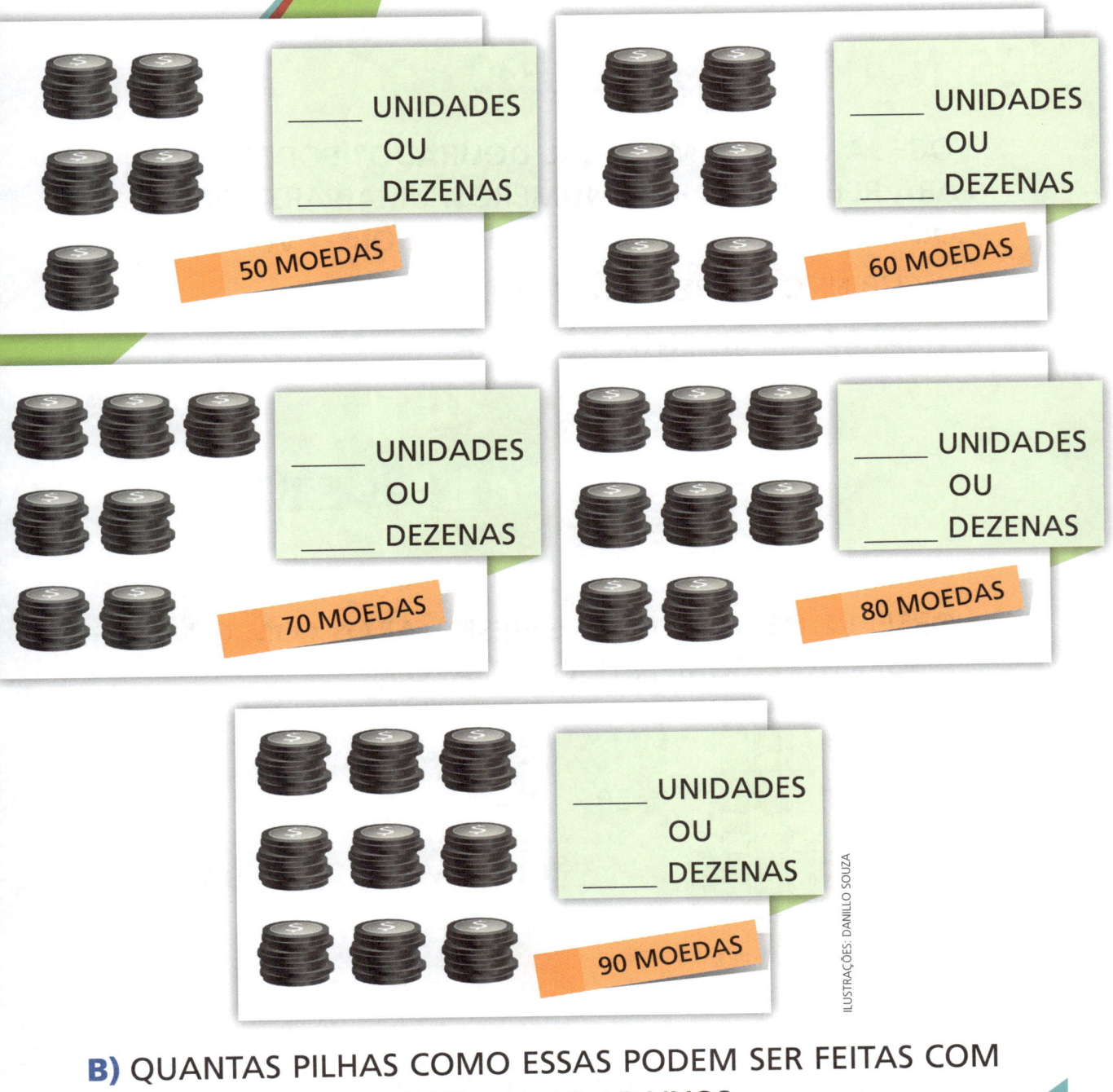

50 MOEDAS

____ UNIDADES
OU
____ DEZENAS

60 MOEDAS

____ UNIDADES
OU
____ DEZENAS

70 MOEDAS

____ UNIDADES
OU
____ DEZENAS

80 MOEDAS

____ UNIDADES
OU
____ DEZENAS

90 MOEDAS

B) QUANTAS PILHAS COMO ESSAS PODEM SER FEITAS COM AS MOEDAS REPRESENTADAS ABAIXO?

AS MOEDAS NÃO ESTÃO EM TAMANHO REAL.

OS NÚMEROS ATÉ 100

1. VOCÊ JÁ USOU O **MATERIAL DOURADO**? PODEMOS USÁ-LO PARA REPRESENTAR OS NÚMEROS. UMA PARTE DELE É COMPOSTA DE CUBINHOS E BARRAS. OBSERVE.

   • **1 CUBINHO** REPRESENTA **1 UNIDADE**.
   • **1 BARRA** REPRESENTA **1 DEZENA**.

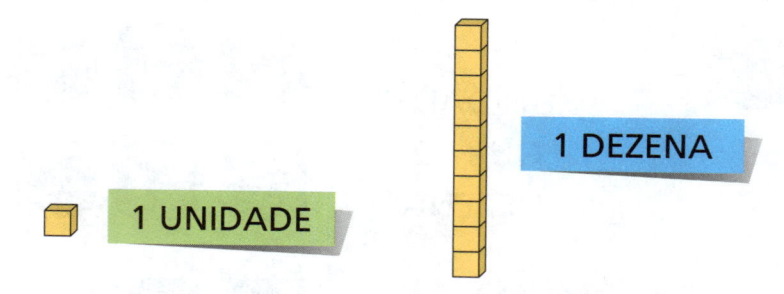

   1 UNIDADE   1 DEZENA

   • OBSERVE OS NÚMEROS REPRESENTADOS COM O MATERIAL DOURADO E COMPLETE OS ESPAÇOS.

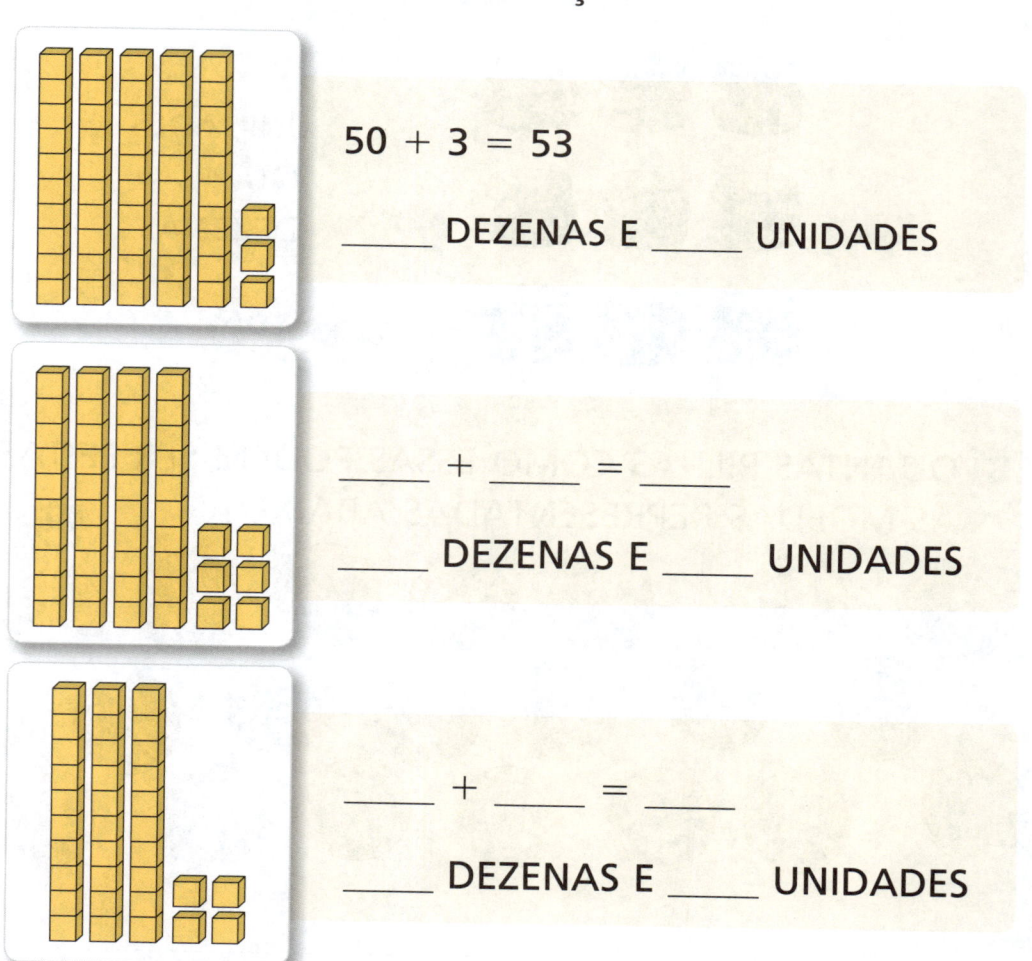

   50 + 3 = 53

   ____ DEZENAS E ____ UNIDADES

   ____ + ____ = ____

   ____ DEZENAS E ____ UNIDADES

   ____ + ____ = ____

   ____ DEZENAS E ____ UNIDADES

20 VINTE

2. VOCÊ CONHECE O **ÁBACO**? ELE É UM INSTRUMENTO PARA REGISTRAR NÚMEROS E REALIZAR CÁLCULOS. OBSERVE O ÁBACO AO LADO, QUE ESTÁ REPRESENTANDO O NÚMERO **73**.

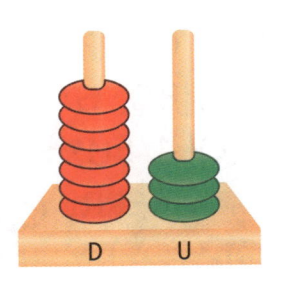

- ESCREVA O NÚMERO QUE ESTÁ REPRESENTADO EM CADA ÁBACO.

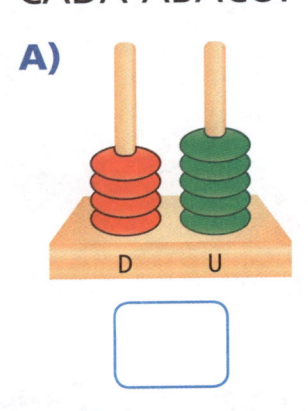

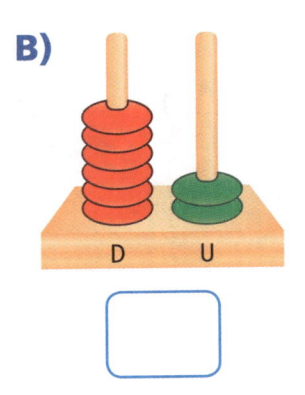

A)

B)

3. UTILIZANDO EXATAMENTE 7 ARGOLAS, REPRESENTE UM NÚMERO MENOR QUE **34** EM UM ÁBACO E UM NÚMERO MAIOR QUE **34** NO OUTRO. REGISTRE ESSES NÚMEROS.

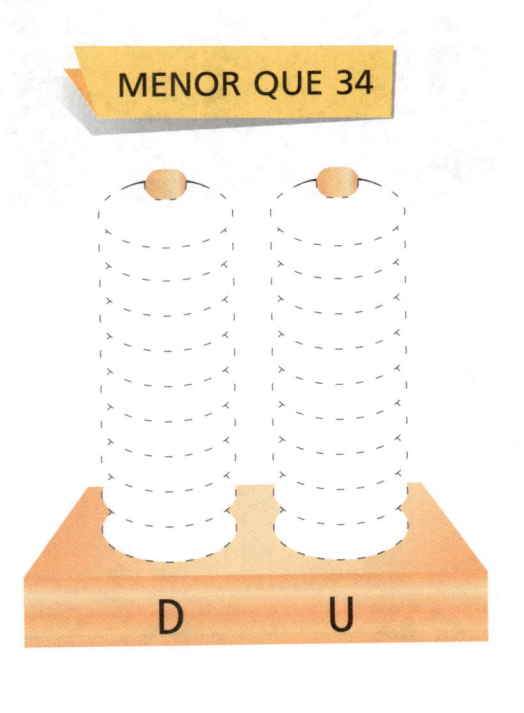

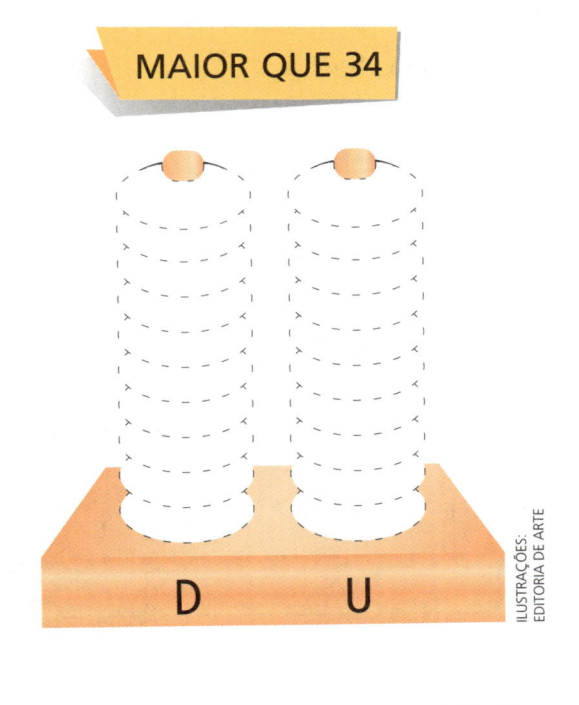

MENOR QUE 34

MAIOR QUE 34

VINTE E UM **21**

4. BETO QUER COMPRAR UMA BOLA E UM PAR DE LUVAS DE GOLEIRO, GASTANDO O MENOR VALOR POSSÍVEL. CONTORNE A BOLA E O PAR DE LUVAS QUE ELE DEVE COMPRAR.

- 56 REAIS
- 62 REAIS
- 29 REAIS
- 28 REAIS

5. CARLA E SEUS AMIGOS ESTAVAM BRINCANDO DE JOGO DE ADIVINHAÇÃO. VEJA A PONTUAÇÃO FINAL DO JOGO.

A) QUEM OBTEVE MAIS PONTOS?

_____

B) QUEM OBTEVE MENOS PONTOS?

_____

PARTICIPANTE	PONTUAÇÃO
ALAN	48
CARLA	29
JÚLIA	79
LUCAS	73

6. NA RETA NUMÉRICA, CADA PONTO DESTACADO REPRESENTA UM NÚMERO DA FICHA. ESCREVA O NÚMERO CORRESPONDENTE A CADA UM DESSES PONTOS.

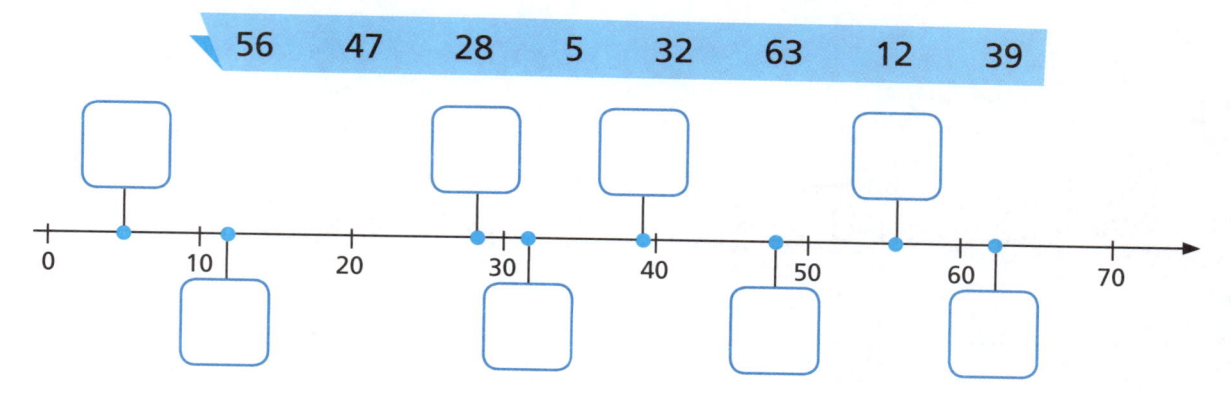

56   47   28   5   32   63   12   39

7. LARA ESTÁ JOGANDO NO CELULAR DE SUA MÃE. NESSE JOGO, AS MAÇÃS SÃO COLETADAS E GUARDADAS EM CAIXAS COM 10. QUANDO CONSEGUE COMPLETAR 10 CAIXAS ELA PASSA DE FASE. OBSERVE COMO ESTÁ SUA PONTUAÇÃO.

A) QUANTAS MAÇÃS LARA COLETOU ATÉ AGORA?

_____ MAÇÃS.

B) ELA JÁ CONSEGUIU PASSAR DE FASE? _____

C) PODEMOS DIZER QUE:

LARA COLETOU _____ MAÇÃS, QUE ESTÃO GUARDADAS EM _____ CAIXAS E SOBRARAM _____ MAÇÃS.

LARA CONTINUOU JOGANDO E COLETOU MAIS UMA MAÇÃ. OBSERVE.

AGORA, SÃO **100** MAÇÃS OU **1 CENTENA** DE MAÇÃS.

ELAS ESTÃO GUARDADAS EM _____ CAIXAS COM _____ DEZENA DE MAÇÃS EM CADA.

D) LARA CONSEGUIU PASSAR DE FASE? _____

NÚMEROS ORDINAIS

1. BIA, PEDRO E LUIZ ESTÃO BRINCANDO DE SALTO EM DISTÂNCIA. VENCE QUEM CONSEGUIR PULAR E ATINGIR A MAIOR DISTÂNCIA NA AREIA. OBSERVE.

- LIGUE O NOME DA CRIANÇA A SUA **ORDEM** DE COLOCAÇÃO.

1º (PRIMEIRO)   PEDRO

2º (SEGUNDO)   BIA

3º (TERCEIRO)   LUIZ

2. COMPLETE OS QUADROS COM AS INFORMAÇÕES QUE ESTÃO FALTANDO.

1º	PRIMEIRO		6º	SEXTO
2º			7º	
	TERCEIRO		8º	
	QUARTO			NONO
5º				DÉCIMO

3. VOCÊ CONHECE AS ETAPAS DE VIDA DE UMA BORBOLETA? ORDENE ESSAS ETAPAS DE DESENVOLVIMENTO INDICANDO DE 1ª A 4ª.

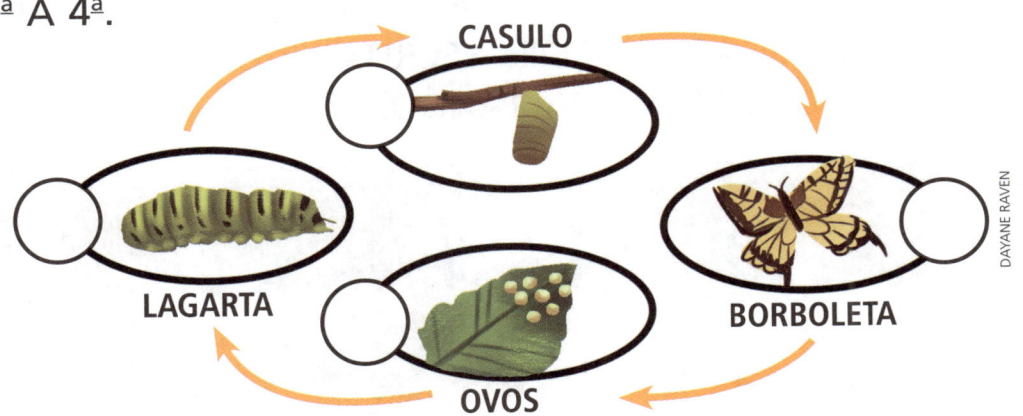

CASULO
LAGARTA
OVOS
BORBOLETA

A) QUANTAS ETAPAS FORAM INDICADAS? _____

B) EM QUAL ETAPA A BORBOLETA É UM CASULO? _____

4. COM UM COLEGA, OBSERVEM A LETRA **M** NOS NOMES DAS FRUTAS ABAIXO E INDIQUEM A SUA POSIÇÃO.

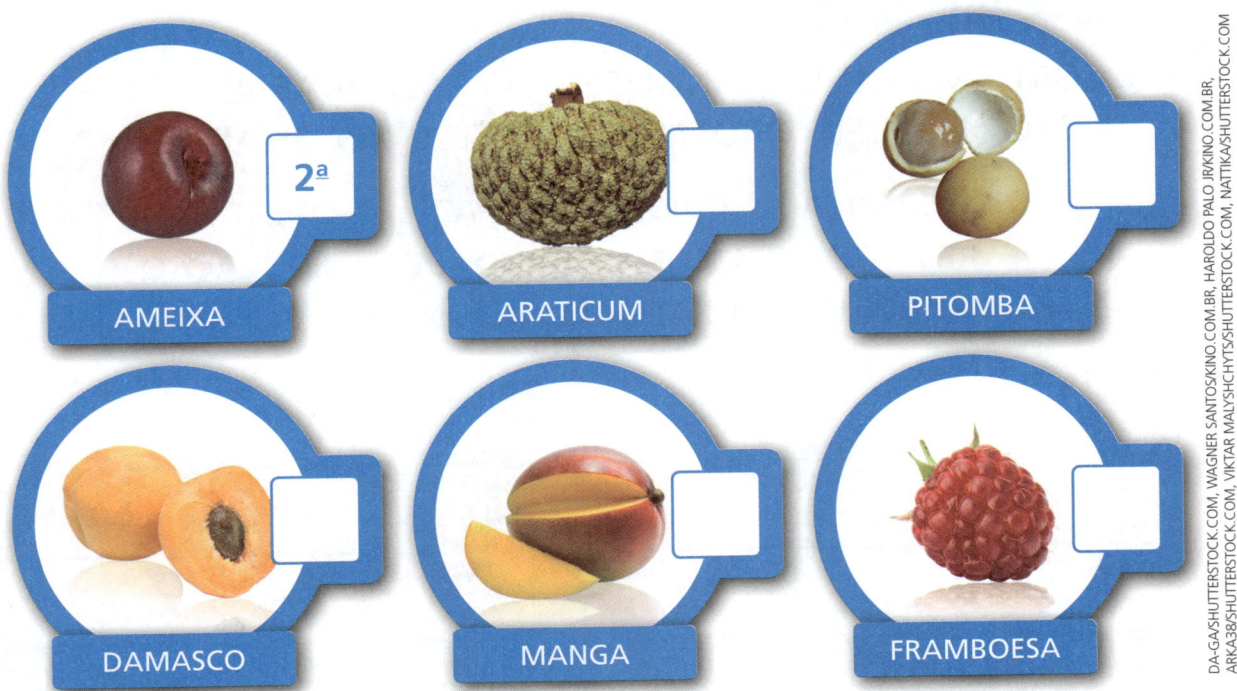

| AMEIXA 2ª | ARATICUM | PITOMBA |
| DAMASCO | MANGA | FRAMBOESA |

- AGORA É COM VOCÊS! PESQUISEM, EM UMA REVISTA OU JORNAL, UMA PALAVRA QUE CONTENHA A LETRA **M**. RECORTEM E COLEM ESSA PALAVRA NO CADERNO. DEPOIS, INDIQUEM A POSIÇÃO DA LETRA **M** NESSA PALAVRA.

VINTE E CINCO **25**

VOCÊ LEITOR

5. AS LETRAS ESTÃO EM ORDEM ALFABÉTICA E ALGUMAS DELAS TÊM SUAS POSIÇÕES ESCRITAS. COMPLETE AS POSIÇÕES QUE ESTÃO FALTANDO.

A	B	C	D	E	F	G	H	I	J	K	L	M
1ª		3ª			6ª			9ª	10ª	11ª	12ª	

N	O	P	Q	R	S	T	U	V	W	X	Y	Z
	15ª					19ª	20ª	21ª				26ª

VOCÊ ESCRITOR

6. COM UM COLEGA, ANALISEM AS PALAVRAS ABAIXO E COLOQUEM EM ORDEM ALFABÉTICA NO QUADRO.

ESPERANÇA	CUIDADO	PAZ	HONESTIDADE
RESPEITO	AMOR	BONDADE	EDUCAÇÃO
CARINHO	GRATIDÃO	SONHO	ALEGRIA

1ª	
2ª	
3ª	
4ª	
5ª	
6ª	

7ª	
8ª	
9ª	
10ª	
11ª	
12ª	

26 VINTE E SEIS

NÚMEROS PARES E NÚMEROS ÍMPARES

1. DUAS EQUIPES ESTÃO PARTICIPANDO DE UMA GINCANA. CONTORNE PARES DE ALUNOS DE CADA EQUIPE.

EQUIPE VERDE

EQUIPE AZUL

> QUANDO ORGANIZAMOS OS ELEMENTOS DE UM GRUPO EM DUPLAS E NÃO HÁ SOBRA, O NÚMERO DE ELEMENTOS É **PAR**. SE SOBRAR UM ELEMENTO, O NÚMERO É **ÍMPAR**.

A) EM QUAL EQUIPE SOBROU UM ALUNO? MARQUE A RESPOSTA COM UM ✘.

☐ VERDE ☐ AZUL

B) ESCREVA **PAR** OU **ÍMPAR** EM CADA CASO.

- A EQUIPE VERDE TEM 8 ALUNOS. ESSE NÚMERO É _____.

- A EQUIPE AZUL TEM 9 ALUNOS. ESSE NÚMERO É _____.

VINTE E SETE **27**

2. OBSERVE OS QUADROS ABAIXO E ESCREVA O NÚMERO QUE CORRESPONDE À QUANTIDADE DE LÁPIS EM CADA UM. DEPOIS, FORME DUPLAS DE LÁPIS EM CADA QUADRO.

☐ LÁPIS   ☐ LÁPIS   ☐ LÁPIS

☐ LÁPIS   ☐ LÁPIS   ☐ LÁPIS

☐ LÁPIS   ☐ LÁPIS   ☐ LÁPIS

ESCREVA AS QUANTIDADES DE LÁPIS INDICADAS POR NÚMEROS QUE SÃO:

- PARES: _____.
- ÍMPARES: _____.

3. NA SEQUÊNCIA, PINTE DE ▬ AS FICHAS COM NÚMEROS PARES E DE ▬ AS FICHAS COM NÚMEROS ÍMPARES.

0, 1, 2, 3, 4, 5, 6, 7, 8, 9, 10, 11, 12, 13, 14, 15, 16, 17, 18, 19, 20, 21, 22, 23, 24, 25, 26, 27, 28, 29

- DE ACORDO COM A SEQUÊNCIA, PODEMOS CONCLUIR QUE:

A) OS NÚMEROS TERMINADOS EM ____, ____, ____, ____

OU ____ SÃO PARES.

B) OS NÚMEROS TERMINADOS EM ____, ____, ____, ____

OU ____ SÃO ÍMPARES.

28 VINTE E OITO

4. OBSERVE OS ALUNOS DE SUA SALA DE AULA.

A) QUANTOS ALUNOS SÃO AO TODO? _____

B) A QUANTIDADE DE ALUNOS É INDICADA POR UM NÚMERO PAR OU ÍMPAR? _____

C) É POSSÍVEL FORMAR DUPLAS DE ALUNOS E NÃO SOBRAR NENHUM ALUNO? _____

5. ÍGOR E SUA MÃE ESTÃO CONVERSANDO COM O CARTEIRO SOBRE A NUMERAÇÃO DAS CASAS E DOS PRÉDIOS. OBSERVE.

> EM CADA LADO DA RUA, OS NÚMEROS ESTÃO EM ORDEM.

> DE UM LADO OS NÚMEROS DAS CASAS E DOS PRÉDIOS SÃO PARES E DO OUTRO LADO, ÍMPARES.

A) ÍGOR MORA NA CASA DE NÚMERO 89. QUAIS CASAS FICAM NO MESMO LADO DA RUA QUE A CASA DELE? CONTORNE ESSAS CASAS.

61   78   45   52   90   27   36

B) O QUE OS NÚMEROS DAS CASAS CONTORNADAS TÊM EM COMUM?

JOGOS E BRINCADEIRAS

▼ VAMOS BRINCAR DE PAR OU ÍMPAR?

COMO JOGAR

1

PARA COMEÇAR A BRINCADEIRA, FORME DUPLA COM UM COLEGA.

GANHEI!

30 TRINTA

2 OS PARTICIPANTES DEVEM FICAR UM DE FRENTE PARA O OUTRO. COM UMA DAS MÃOS FECHADA, UM DIZ "PAR", E O OUTRO, "ÍMPAR".

3 AO MESMO TEMPO, ELES DEVEM MOSTRAR COM ESSA MÃO DE ZERO A CINCO DEDOS. DEPOIS, CALCULA-SE A QUANTIDADE TOTAL DE DEDOS INDICADOS.

4 VENCE O PARTICIPANTE QUE ACERTOU SE ESSE NÚMERO É PAR OU É ÍMPAR.

PAR!

ÍMPAR!

TRINTA E UM

ADIÇÃO

1. MARCOS ESTÁ PENSANDO SOBRE OS DIAS DA SEMANA. OBSERVE.

PODEMOS CALCULAR QUE DIA DO MÊS SERÁ O PRÓXIMO SÁBADO DE DIFERENTES MANEIRAS.

UMA SEMANA TEM 7 DIAS.

HOJE É SÁBADO, DIA 2. QUE DIA DO MÊS SERÁ O PRÓXIMO SÁBADO?

PENSO NO 2 E AGORA TENHO 3, 4, 5, 6, 7, 8 E 9.

USEI TAMPINHAS.

DESENHEI FIGURAS.

CALCULEI COM UMA RETA NUMÉRICA.

2 + 7 = _____

O PRÓXIMO SÁBADO DO MÊS SERÁ DIA _____.

2. CÉLIA GANHOU 3 REAIS DO TIO CARLOS PARA JUNTAR ÀS SUAS ECONOMIAS. ELA JÁ TINHA 5 REAIS GUARDADOS.

COM QUANTOS REAIS CÉLIA FICOU? _____ REAIS.

3. GUSTAVO TRABALHA COMO ENTREGADOR PARA UMA FÁBRICA. ELE DEVE FAZER EXATAMENTE 10 ENTREGAS POR DIA NAS CASAS DOS CLIENTES.

A) PINTE OS QUADROS QUE CONTÊM AS OPÇÕES DE QUANTIDADES DE ENTREGAS QUE GUSTAVO PODE FAZER EM UM DIA.

| MANHÃ: 5 ENTREGAS TARDE: 5 ENTREGAS | MANHÃ: 4 ENTREGAS TARDE: 6 ENTREGAS | MANHÃ: 3 ENTREGAS TARDE: 4 ENTREGAS | MANHÃ: 7 ENTREGAS TARDE: 3 ENTREGAS |

B) ALÉM DESSAS OPÇÕES, GUSTAVO PODE ESCOLHER OUTRAS. ESCREVA UMA OUTRA OPÇÃO.

MANHÃ: _____ ENTREGAS

TARDE: _____ ENTREGAS

4. HOJE É DIA 11. FALTAM 16 DIAS PARA O ANIVERSÁRIO DE BEATRIZ. EM QUE DIA ELA FAZ ANIVERSÁRIO?

O ANIVERSÁRIO DE BEATRIZ SERÁ NO DIA _____.

5. VOCÊ JÁ VIU UM JOGO DE HANDEBOL? É UM ESPORTE EM QUE DUAS EQUIPES DE SETE JOGADORES EM CADA UMA JOGAM BOLA COM AS MÃOS E DISPUTAM QUEM MARCA MAIS GOLS. OBSERVE O PLACAR DE UMA PARTIDA DE HANDEBOL.

PODEMOS CALCULAR O TOTAL DE GOLS DA PARTIDA COM O MATERIAL DOURADO.

- REPRESENTAMOS CADA NÚMERO. DEPOIS, JUNTAMOS AS BARRAS E OS CUBINHOS.

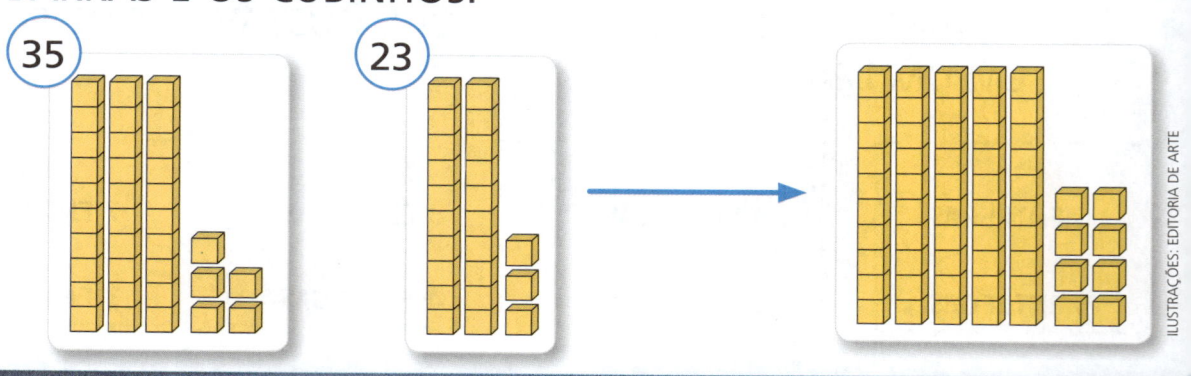

35   23

TAMBÉM PODEMOS FAZER ADIÇÕES UTILIZANDO O ÁBACO. OBSERVE.

1º) REPRESENTAMOS O NÚMERO 35.

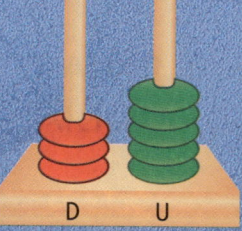

2º) COLOCAMOS AS ARGOLAS REFERENTES AO NÚMERO 23.

3º) CONTAMOS AS ARGOLAS DAS DEZENAS E DAS UNIDADES.

35 + 23 = _____

AO TODO, FORAM _____ GOLS.

34 TRINTA E QUATRO

6. EM UM PASSEIO, VÍTOR TIROU 44 FOTOGRAFIAS COM O CELULAR, E SUA IRMÃ TIROU 21. AO TODO, QUANTAS FOTOGRAFIAS FORAM FEITAS?

_____ FOTOGRAFIAS.

7. OS ALUNOS DO 2º ANO ESTÃO FAZENDO UMA CAMPANHA PARA ARRECADAR BRINQUEDOS E DOÁ-LOS. OBSERVE O CARTAZ QUE COLOCARAM NA ESCOLA.

DOE UM BRINQUEDO

ELE PODE ALEGRAR OUTRA CRIANÇA.

UMA TURMA ARRECADOU 22 BRINQUEDOS E A OUTRA, 27. AO TODO, QUANTOS BRINQUEDOS FORAM ARRECADADOS?

_____ BRINQUEDOS.

8. EM UMA CLÍNICA HAVIA 12 CÃES PARA ADOÇÃO. FORAM LEVADOS PARA LÁ MAIS 13. QUANTOS CÃES HÁ NA CLÍNICA AGORA?

_____ CÃES.

SUBTRAÇÃO

1. SELMA FOI À PADARIA DUAS VEZES NO MESMO DIA E COMPROU 9 PÃES AO TODO. QUANTOS PÃES ELA COMPROU À TARDE, SABENDO QUE NO PERÍODO DA MANHÃ ELA COMPROU 5?

PODEMOS CALCULAR QUANTOS PÃES SELMA COMPROU À TARDE DE DIFERENTES MANEIRAS.

LEVANTEI 9 DEDOS E, DEPOIS, ABAIXEI 5 DELES.

USEI PALITOS.

DESENHEI FIGURAS.

FIZ O CÁLCULO COM A RETA NUMÉRICA.

9 − 5 = _____

SELMA COMPROU _____ PÃES À TARDE.

2. VOCÊ CONHECE ALGUM INSTRUMENTO DE CORDA? OBSERVE TRÊS EXEMPLOS.

VIOLA: 10 CORDAS

VIOLÃO: 6 CORDAS

CAVAQUINHO: 4 CORDAS

A) QUE INSTRUMENTO TEM **MAIS** CORDAS: O VIOLÃO OU A VIOLA? QUANTAS A MAIS?

B) QUE INSTRUMENTO TEM **MENOS** CORDAS: A VIOLA OU O CAVAQUINHO? QUANTAS A MENOS?

3. PARA PASSAR PARA A FASE SEGUINTE EM UM JOGO DE *VIDEO GAME*, É PRECISO OBTER 19 ⭐.

VEJA QUANTAS ⭐ ANDRÉ JÁ OBTEVE E CALCULE QUANTAS FALTAM PARA ELE PASSAR PARA OUTRA FASE.

4. UMA TURMA DO 2º ANO DE UMA ESCOLA, COM 35 ALUNOS, FOI A UM PLANETÁRIO, ONDE HAVIA 69 POLTRONAS.

PODEMOS CALCULAR QUANTAS POLTRONAS FICARAM VAGAS USANDO O MATERIAL DOURADO.

REPRESENTAMOS O NÚMERO 69.

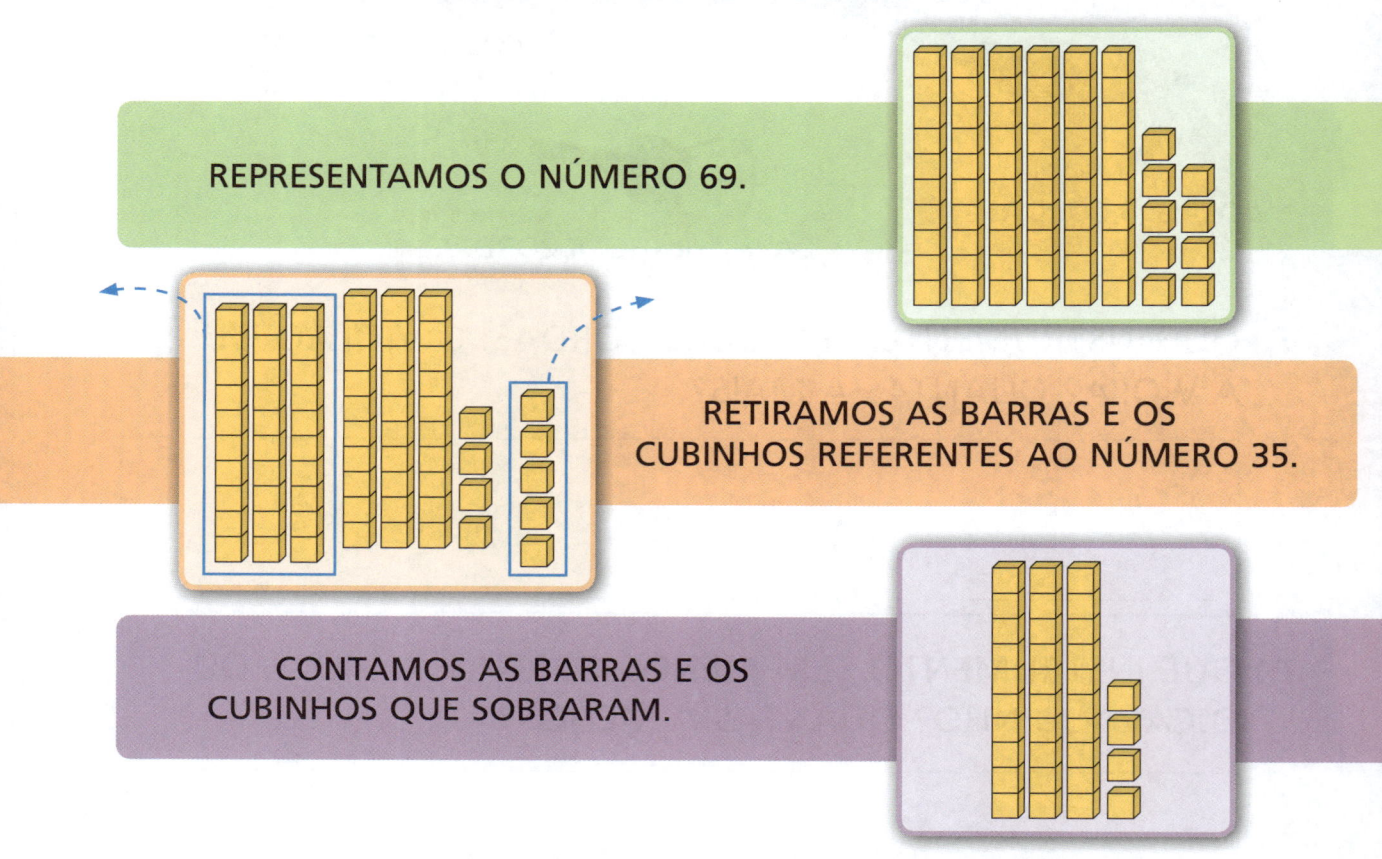

RETIRAMOS AS BARRAS E OS CUBINHOS REFERENTES AO NÚMERO 35.

CONTAMOS AS BARRAS E OS CUBINHOS QUE SOBRARAM.

AGORA, OBSERVE COMO REPRESENTAMOS ESSA SUBTRAÇÃO COM O ÁBACO.

- REPRESENTAMOS O NÚMERO 69 E RETIRAMOS AS ARGOLAS REFERENTES AO NÚMERO 35.

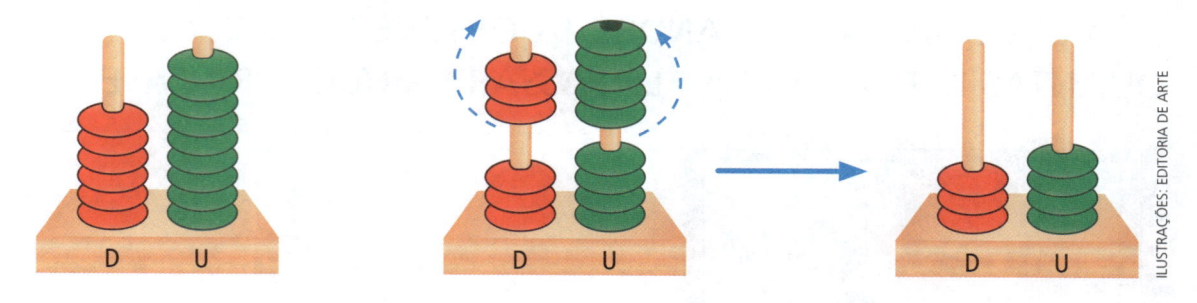

- CONTAMOS AS ARGOLAS DAS DEZENAS E DAS UNIDADES.

69 − 35 = _____   FICARAM VAGAS _____ POLTRONAS.

5. O JOGO DE DOMINÓ TEM 28 PEÇAS. VEJA AS PEÇAS QUE JÁ FORAM JOGADAS EM UMA PARTIDA.

- QUANTAS PEÇAS AINDA PODEM SER JOGADAS?

_____ PEÇAS.

6. MARIA TINHA DUAS DÚZIAS DE OVOS NA GELADEIRA. ELA DECIDIU FAZER OMELETES PARA O JANTAR. OBSERVE QUANTOS OVOS SOBRARAM.

A) QUANTOS OVOS MARIA TINHA ANTES DE FAZER AS OMELETES?

_____ OVOS.

B) QUANTOS OVOS MARIA USOU?

_____ OVOS.

C) COM OS OVOS QUE SOBRARAM, É POSSÍVEL FAZER A MESMA QUANTIDADE DE OMELETES? CONVERSE COM SEUS COLEGAS. _____

7. OBSERVE OS CÁLCULOS REPRESENTADOS COM O ÁBACO E COMPLETE AS SENTENÇAS MATEMÁTICAS.

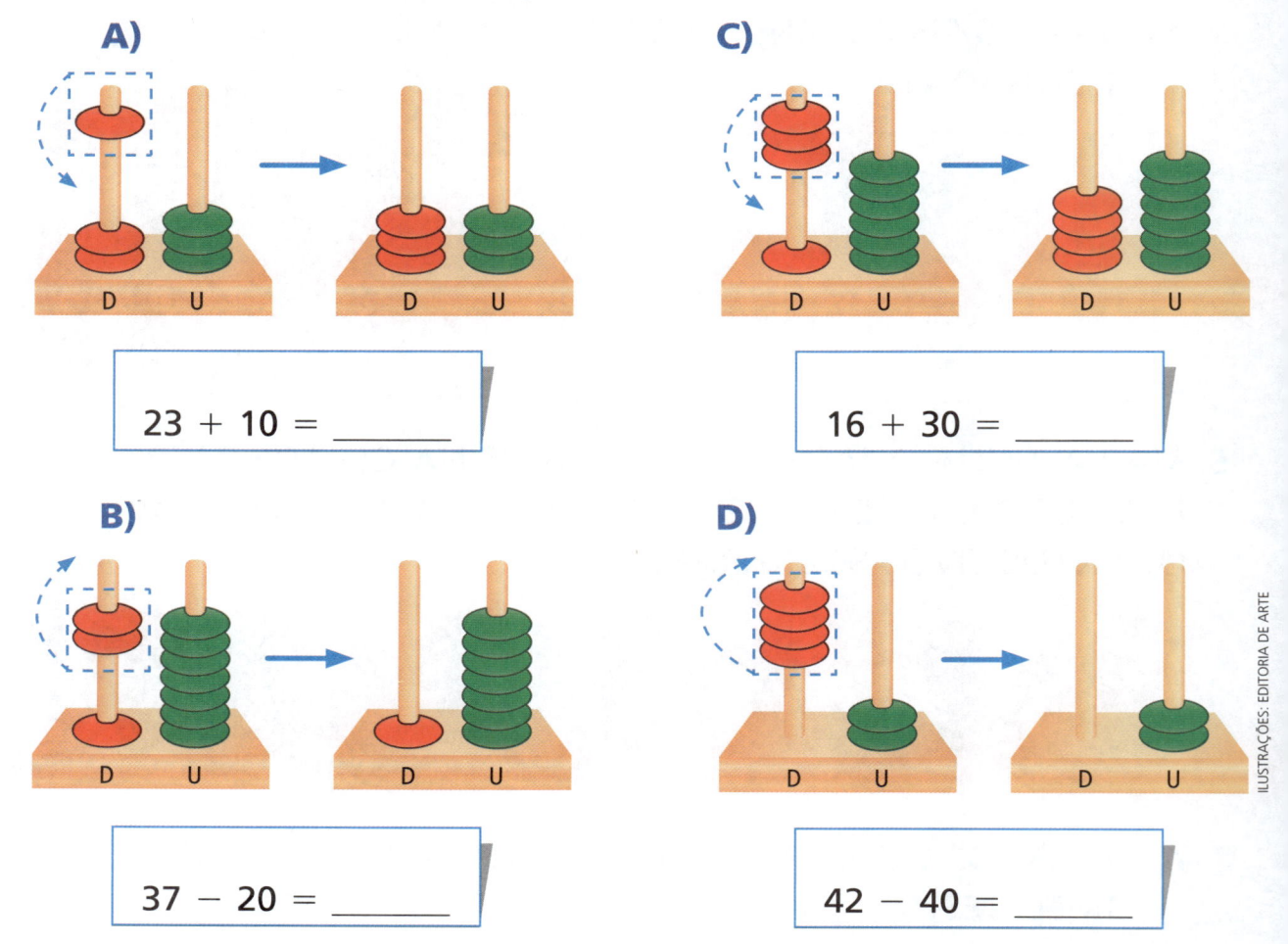

A) 23 + 10 = _____

B) 37 − 20 = _____

C) 16 + 30 = _____

D) 42 − 40 = _____

- O QUE HÁ EM COMUM NESSES CÁLCULOS? CONVERSE COM SEUS COLEGAS.

8. VAMOS FAZER MAIS CÁLCULOS? CALCULE MENTALMENTE E REGISTRE OS RESULTADOS.

19 + 20 = _____

38 + 20 = _____

41 − 20 = _____

30 + 40 = _____

24 − 10 = _____

95 − 30 = _____

40 QUARENTA

SEQUÊNCIAS

1. VOCÊ JÁ COMEU TAPIOCA? LUZIA VENDE TAPIOCAS E, PARA CADA VENDA, ELA FAZ UM RISQUINHO NO PAPEL. VEJA QUANTAS TAPIOCAS ELA VENDEU EM UM DIA.

|||| |||| |||| |||| |||| |||| |||| |||| ||

A) QUANTAS TAPIOCAS LUZIA VENDEU NESSE DIA?

_____ TAPIOCAS.

B) COMO VOCÊ FEZ PARA RESOLVER O ITEM **A**?

2. OBSERVE COM ATENÇÃO CADA SEQUÊNCIA E ESCREVA OS NÚMEROS SEGUINTES.

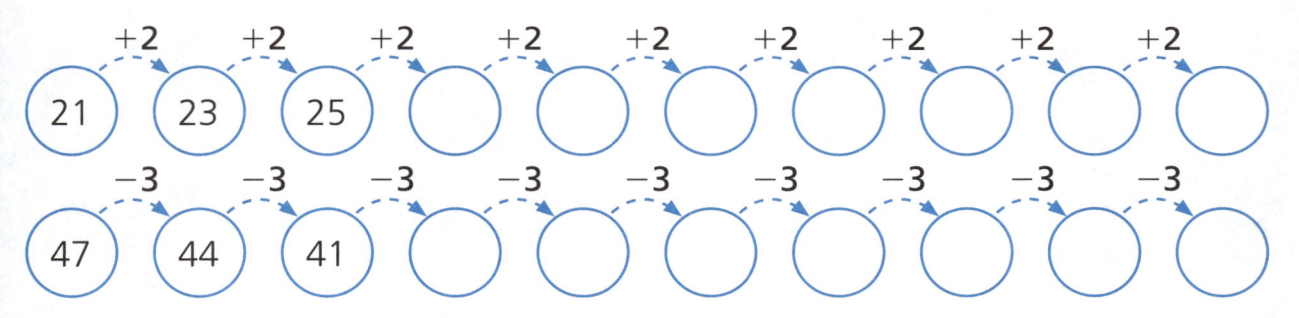

21 → +2 → 23 → +2 → 25 → +2 → ○ → +2 → ○ → +2 → ○ → +2 → ○ → +2 → ○ → +2 → ○ → +2 → ○

47 → −3 → 44 → −3 → 41 → −3 → ○ → −3 → ○ → −3 → ○ → −3 → ○ → −3 → ○ → −3 → ○ → −3 → ○

3. OBSERVE A SEQUÊNCIA.

2, 7, 12, 17, 22, 27, 32, 37

A) VOCÊ CONSEGUIU IDENTIFICAR ALGUMA REGULARIDADE NESSA SEQUÊNCIA? CONVERSE COM O PROFESSOR E OS COLEGAS.

B) DE ACORDO COM ESSA REGULARIDADE, ESCREVA OS PRÓXIMOS DOIS NÚMEROS DESSA SEQUÊNCIA.

VOCÊ CIDADÃO

▼ VAGAS PREFERENCIAIS

VOCÊ JÁ OBSERVOU QUE HÁ VAGAS EXCLUSIVAS PARA IDOSOS E PESSOAS COM DEFICIÊNCIA EM ESTACIONAMENTOS DE RUA, SUPERMERCADOS E *SHOPPINGS*?

ESSAS VAGAS SÃO GARANTIDAS POR LEI E SINALIZADAS POR MEIO DE PLACAS OU MARCAÇÕES NO CHÃO.

É IMPORTANTE SABER QUE NÃO SE DEVE OCUPAR ESSAS VAGAS CASO NÃO SEJA IDOSO OU UMA PESSOA COM DEFICIÊNCIA, MESMO QUE POR POUCO TEMPO.

ISSO É AGIR COM RESPEITO AO PRÓXIMO E COM CIDADANIA!

1. NA SUA OPINIÃO, POR QUE EM ESTACIONAMENTOS HÁ VAGAS EXCLUSIVAS PARA IDOSOS E PESSOAS COM DEFICIÊNCIA?

2. O QUE VOCÊ PENSA SOBRE A ATITUDE DE UMA PESSOA QUE OCUPA DE MANEIRA INDEVIDA UMA DESSAS VAGAS?

3. EM DETERMINADO *SHOPPING*, HÁ 21 VAGAS EXCLUSIVAS PARA PESSOAS COM DEFICIÊNCIA E 53 PARA IDOSOS.

- QUANTAS VAGAS EXCLUSIVAS HÁ AO TODO?

_____ VAGAS.

- HÁ MAIS VAGAS EXCLUSIVAS PARA IDOSOS OU PARA PESSOAS COM DEFICIÊNCIA? QUANTAS A MAIS?

UM POUCO MAIS

1. OBSERVE A QUANTIDADE DE BRINQUEDOS EM CADA ITEM E, SEM CONTAR, MARQUE COM UM ✗ A OPÇÃO CORRETA.

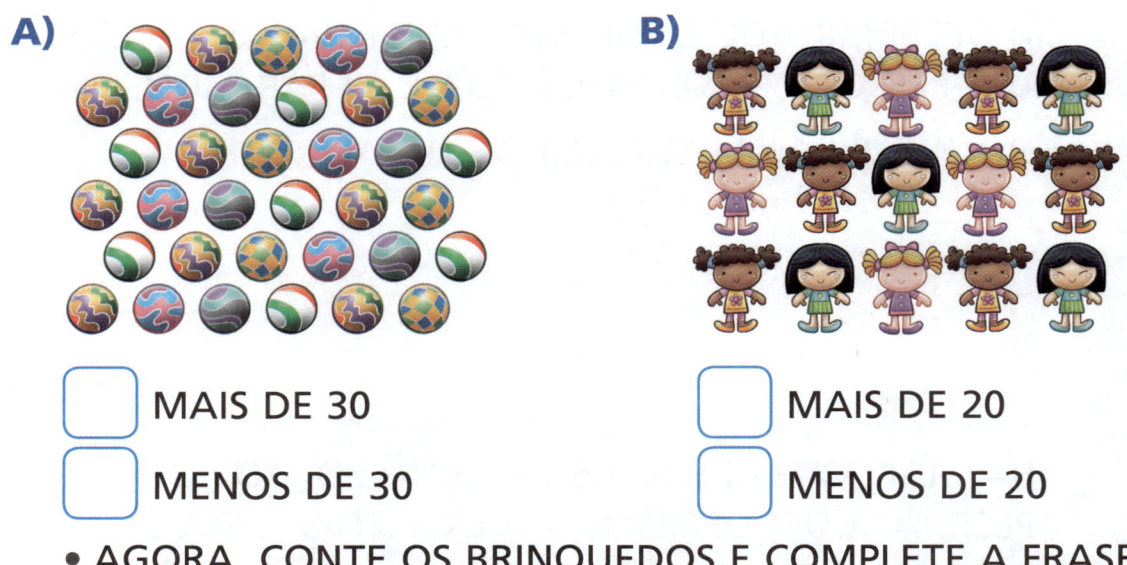

A)

☐ MAIS DE 30
☐ MENOS DE 30

B)

☐ MAIS DE 20
☐ MENOS DE 20

- AGORA, CONTE OS BRINQUEDOS E COMPLETE A FRASE.

SÃO _____ BOLINHAS E _____ BONECAS.

2. DESCUBRA A DATA DO ANIVERSÁRIO DE RICARDO. OBSERVE A DICA E COMPLETE A FRASE.

O ANIVERSÁRIO DE RICARDO É NO DIA _____.

MEU ANIVERSÁRIO É NO DÉCIMO TERCEIRO DIA DO QUINTO MÊS DO ANO.

3. PINTE AS FICHAS DE 🟩 QUANDO O NÚMERO FOR PAR E DE 🟦 QUANDO O NÚMERO FOR ÍMPAR.

| 18 | 25 | 52 | 41 | 70 | 1 | 95 |
| 26 | 33 | 6 | 64 | 47 | 9 | 20 |

44 QUARENTA E QUATRO

4. LUANA COLOU 25 FIGURINHAS EM SEU ÁLBUM E AINDA FALTAM 14 PARA COMPLETÁ-LO.

QUANDO ESTIVER COMPLETO, QUANTAS FIGURINHAS HAVERÁ NESSE ÁLBUM?

_____ FIGURINHAS.

5. VAMOS COLORIR O TREM? RESOLVA OS CÁLCULOS E, DE ACORDO COM O RESULTADO, OBSERVE A COR QUE DEVE SER USADA EM CADA PARTE.

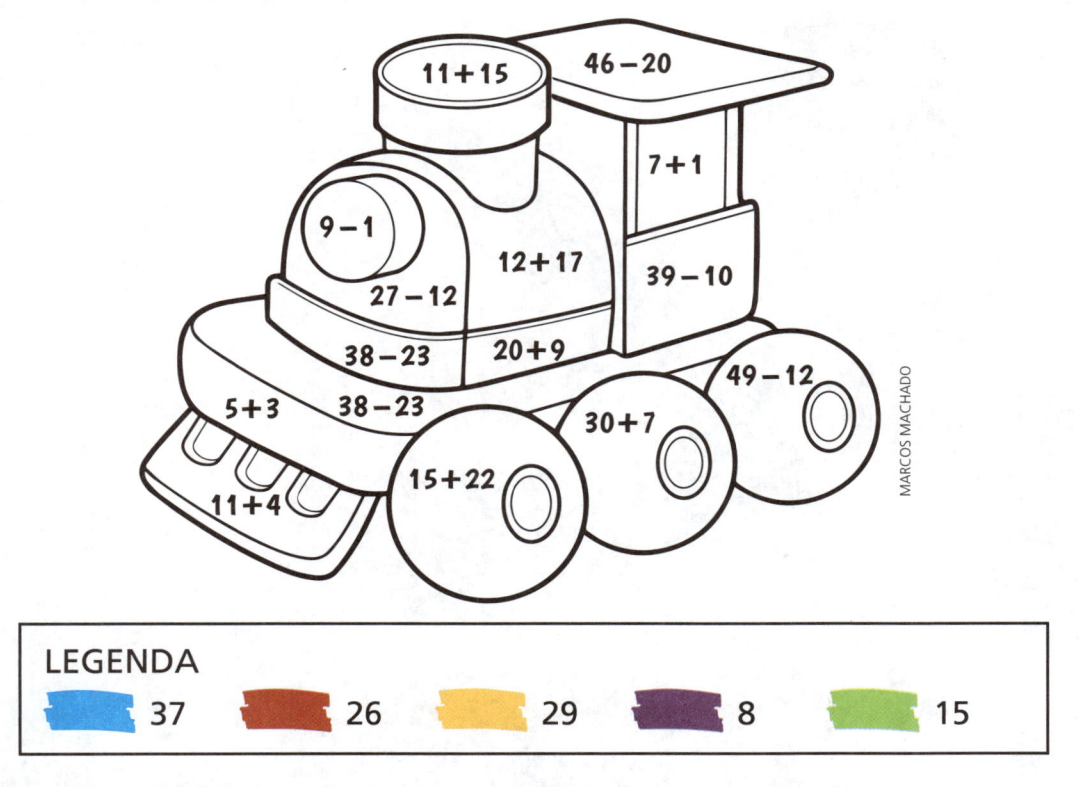

- 11 + 15
- 46 − 20
- 7 + 1
- 9 − 1
- 12 + 17
- 27 − 12
- 39 − 10
- 38 − 23
- 20 + 9
- 49 − 12
- 5 + 3
- 38 − 23
- 30 + 7
- 15 + 22
- 11 + 4

LEGENDA
- 37 (azul)
- 26 (vermelho)
- 29 (amarelo)
- 8 (roxo)
- 15 (verde)

6. NA SEQUÊNCIA A SEGUIR, DESENHE A PRÓXIMA FIGURA E ESCREVA A QUANTIDADE DE PALITOS.

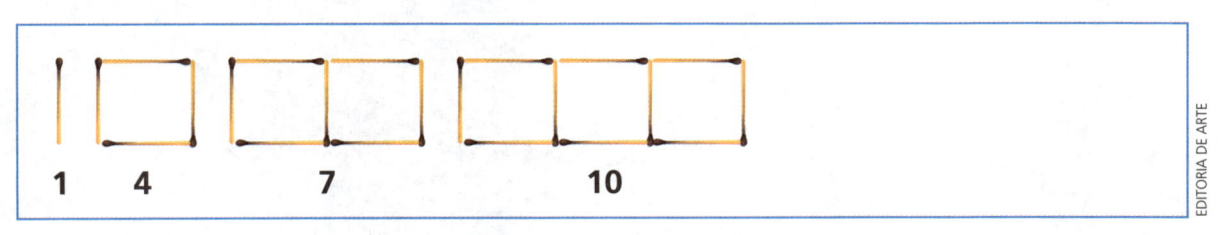

1   4   7   10

QUARENTA E CINCO   **45**

UNIDADE 2

FIGURAS GEOMÉTRICAS ESPACIAIS, LOCALIZAÇÃO E DESLOCAMENTO

- O QUE VOCÊ VÊ NA SALA DE AULA DA CENA?
- QUAL É O NOME DO OBJETO QUE A MENINA ESTÁ TENTANDO DESCOBRIR?
- QUE OUTROS OBJETOS COM ESSA FORMA VOCÊ CONHECE?

SAPATOS

LEITE

CHOCO

QUARENTA E SETE 47

FIGURAS GEOMÉTRICAS ESPACIAIS

NA CENA DAS PÁGINAS **46** E **47**, HÁ OBJETOS QUE LEMBRAM A FORMA DAS **FIGURAS GEOMÉTRICAS ESPACIAIS** REPRESENTADAS ABAIXO.

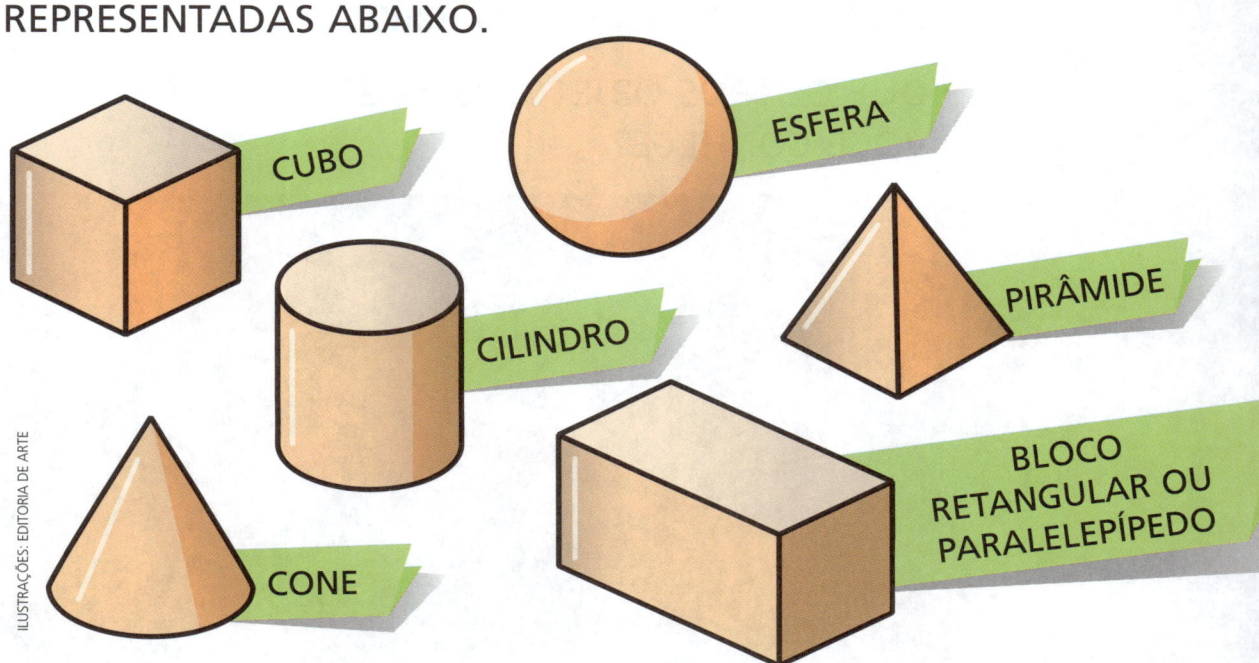

- CUBO
- ESFERA
- CILINDRO
- PIRÂMIDE
- CONE
- BLOCO RETANGULAR OU PARALELEPÍPEDO

1. RELACIONE CADA OBJETO ABAIXO COM A FIGURA GEOMÉTRICA COM A QUAL ELE SE PARECE. PARA ISSO, PINTE OS QUADRINHOS DE ACORDO COM A LEGENDA.

| CUBO | PIRÂMIDE | CONE |
| BLOCO RETANGULAR | ESFERA | CILINDRO |

48 QUARENTA E OITO

2. VOCÊ CONHECE A HISTÓRIA **O MÁGICO DE OZ**? A PROFESSORA ADRIANA CONTOU ESSA HISTÓRIA A SEUS ALUNOS ASSIM:

ERA UMA VEZ UMA MENINA CHAMADA DOROTHY. ELA QUERIA MUITO ENCONTRAR O CAMINHO DE VOLTA PARA CASA, POR ISSO VIAJOU À PROCURA DO PODEROSO MÁGICO DE OZ. NO CAMINHO, FEZ TRÊS AMIGOS: O ESPANTALHO, QUE QUERIA UM CÉREBRO; O HOMEM DE LATA, QUE DESEJAVA UM CORAÇÃO; E O LEÃO, QUE BUSCAVA CORAGEM. JUNTOS, OS QUATRO VIVERAM MUITAS AVENTURAS E CONHECERAM LUGARES MARAVILHOSOS.

- OS ALUNOS CONSTRUÍRAM UM DOS PERSONAGENS DESSA HISTÓRIA COM MATERIAL RECICLÁVEL. ESCREVA O NOME DA FIGURA GEOMÉTRICA ESPACIAL QUE A FORMA DE CADA PARTE DESTACADA DO BONECO LEMBRA.

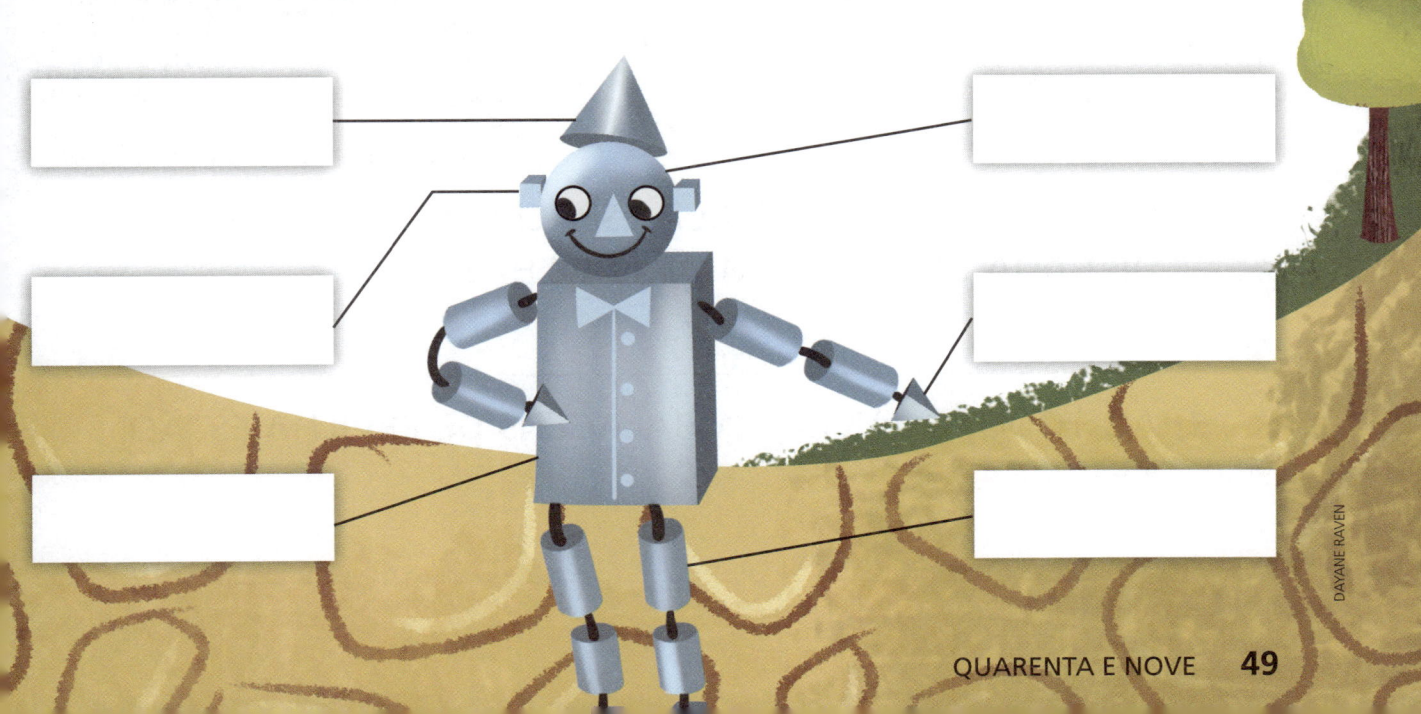

3. ALGUNS POVOS INDÍGENAS TÊM COSTUMES PARECIDOS, MESMO QUE A ETNIA A QUE PERTENCEM SEJA DIFERENTE. ALGUNS DESSES COSTUMES SÃO: PINTAR O CORPO, DORMIR EM REDES, PESCAR, FAZER ARTESANATO, PRODUZIR OS PRÓPRIOS INSTRUMENTOS MUSICAIS, ENTRE OUTROS.

OBSERVE UM TAMBOR PRODUZIDO POR UM POVO INDÍGENA.

OS INDÍGENAS COSTUMAM UTILIZAR TRONCO DE MADEIRA OCA E PELES DE ANIMAIS PARA CONFECCIONAR O TAMBOR.

A) QUE FIGURA GEOMÉTRICA ESPACIAL LEMBRA A FORMA DESSE TAMBOR?

_____

B) SE VOCÊ FOSSE FAZER UM INSTRUMENTO SEMELHANTE A ESSE TAMBOR, QUE MATERIAL UTILIZARIA?

4. OBSERVE ALGUMAS EMBALAGENS DE ERVILHA DISTRIBUÍDAS EM UMA CAIXA.

A) QUE FIGURA GEOMÉTRICA ESPACIAL LEMBRA A FORMA DE CADA EMBALAGEM DE ERVILHA?

_____

B) AO TODO, QUANTAS EMBALAGENS DE ERVILHA ESTÃO NESSA CAIXA?

_____

50 CINQUENTA

5. OBSERVE O QUARTO DE GABRIEL E ENCONTRE OBJETOS CUJAS FORMAS LEMBRAM AS FIGURAS GEOMÉTRICAS ESPACIAIS INDICADAS NA LEGENDA. DEPOIS, PINTE ESSES OBJETOS DE ACORDO COM A LEGENDA.

LEGENDA:

| CUBO | PIRÂMIDE | CONE |
| BLOCO RETANGULAR | ESFERA | CILINDRO |

6. OBSERVE A TIRINHA.

MAURICIO DE SOUSA. **TURMA DA MÔNICA**. DISPONÍVEL EM: <http://turmadamonica.uol.com.br>. ACESSO EM: 10 ABR. 2017.

A) O QUE CEBOLINHA ESTÁ FAZENDO NO 1º QUADRINHO?

B) CONTORNE A EMBALAGEM COM A QUAL VOCÊ PODE BRINCAR COMO FEZ CEBOLINHA.

7. ESCREVA O NOME DE CADA FIGURA GEOMÉTRICA REPRESENTADA. QUAIS SÃO AQUELAS QUE APRESENTAM ALGUMA PARTE ARREDONDADA? MARQUE-AS COM UM ✗.

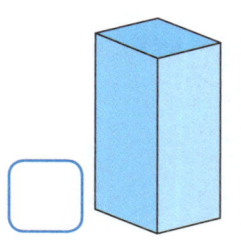

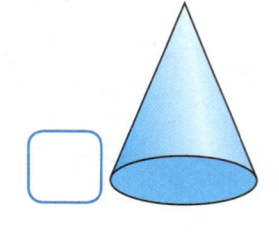

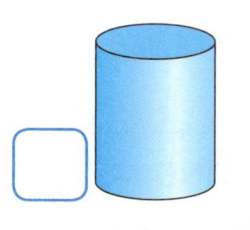

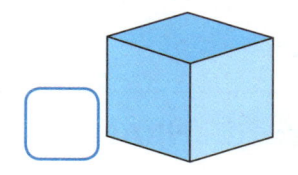

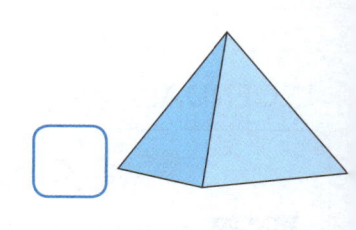

52 CINQUENTA E DOIS

8. OBSERVE CADA OBJETO ABAIXO E MARQUE COM UM ✗ A FORMA QUE ELE COSTUMA TER. DEPOIS, CONVERSE COM OS COLEGAS SOBRE POR QUE OS OBJETOS TÊM ESSA FORMA.

BOLA DE FUTEBOL

ROLO PARA PINTURA

DADO

TIJOLO

- AGORA É COM VOCÊ! ESCOLHA UMA DAS FIGURAS GEOMÉTRICAS ESPACIAIS QUE JÁ ESTUDAMOS E DESENHE UM OBJETO COM ESSA FORMA.

9. MÁRCIA PEGOU TRÊS OBJETOS E COLOCOU-OS EM UMA RAMPA PARA VERIFICAR O QUE ACONTECE. MARQUE COM UM ✗ AQUELES QUE PODEM ROLAR COM FACILIDADE.

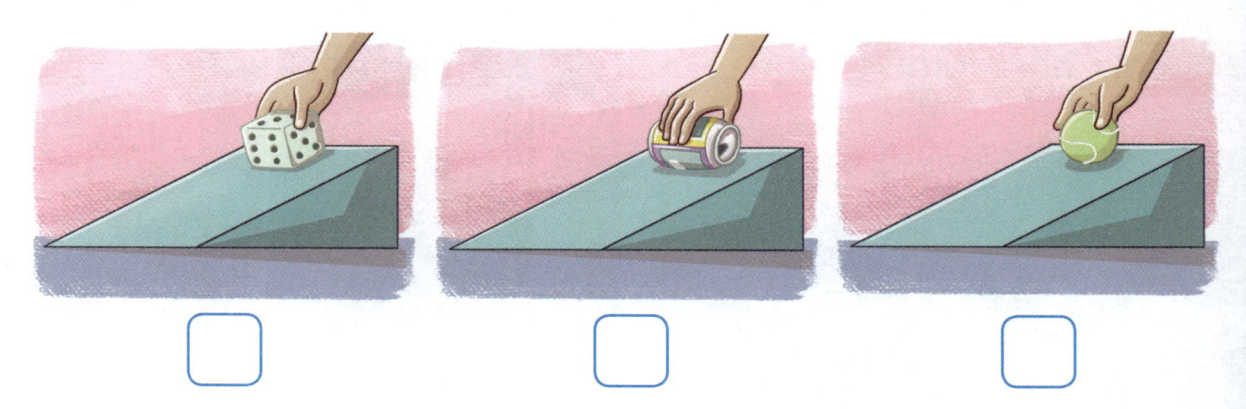

- DEPOIS, MÁRCIA MUDOU A POSIÇÃO DE CADA OBJETO, QUE PASSOU A SE APOIAR DE OUTRA MANEIRA NA RAMPA. CONTORNE AQUELES QUE PODEM ROLAR COM FACILIDADE QUANDO ELA SOLTÁ-LOS.

- QUAL DOS OBJETOS VOCÊ ACHA QUE:

   A) PODE ROLAR COM FACILIDADE EM QUALQUER POSIÇÃO?

   _____

   B) NÃO VAI ROLAR COM FACILIDADE, SEJA QUAL FOR SUA POSIÇÃO?

   _____

   C) PODE ROLAR COM FACILIDADE EM ALGUMAS POSIÇÕES E NÃO ROLAR EM OUTRAS?

   _____

10. LÍLIAN UTILIZOU PALITOS DE MADEIRA E BOLINHAS DE ISOPOR PARA MONTAR UMA ESTRUTURA QUE REPRESENTASSE A FORMA DE UM CUBO. OBSERVE.

A) QUANTOS PALITOS E QUANTAS BOLINHAS LÍLIAN UTILIZOU?

_____ PALITOS E _____ BOLINHAS.

B) AGORA, OBSERVE OUTRAS ESTRUTURAS MONTADAS COM PALITOS DE MADEIRA E BOLINHAS DE ISOPOR.

PARA CADA ESTRUTURA, ESCREVA O NOME DA FIGURA GEOMÉTRICA ESPACIAL QUE ELA REPRESENTA E A QUANTIDADE DE PALITOS E BOLINHAS UTILIZADA.

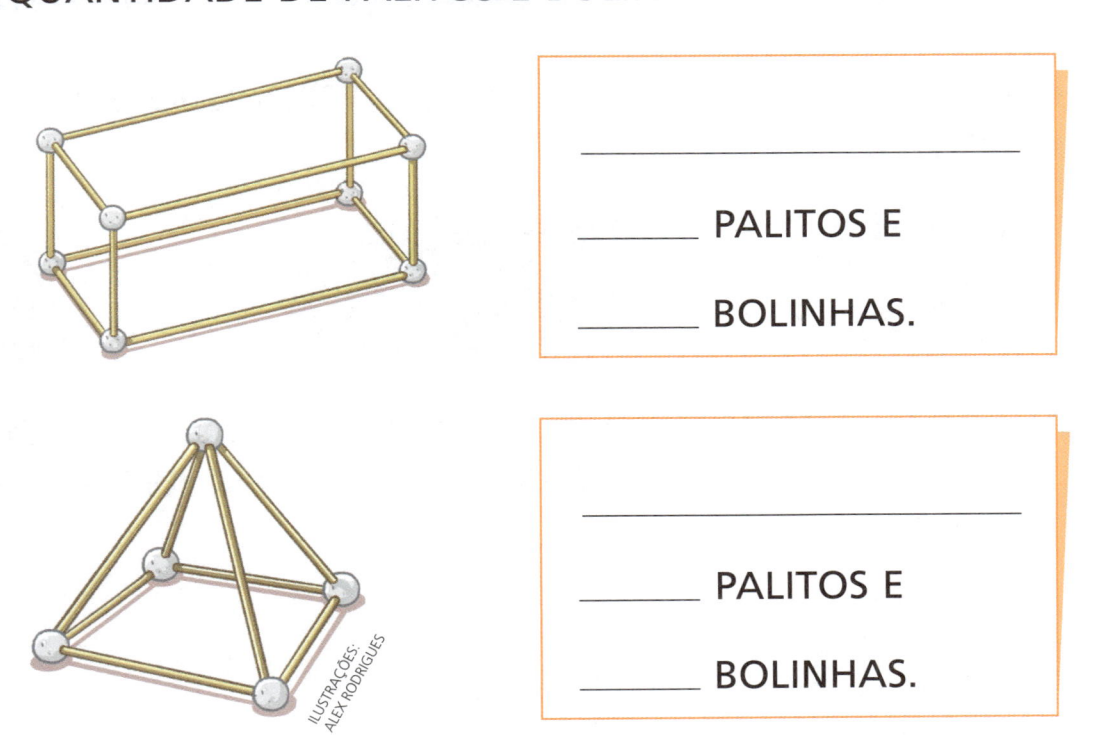

_____

_____ PALITOS E

_____ BOLINHAS.

_____

_____ PALITOS E

_____ BOLINHAS.

11. MANUELA ADORA EMPILHAR OBJETOS. ELA TEM TRÊS PEÇAS QUE LEMBRAM FIGURAS GEOMÉTRICAS ESPACIAIS. EM QUE ORDEM ELA DEVE COLOCAR ESSAS PEÇAS MANTENDO AO MESMO TEMPO O EQUILÍBRIO? ESCREVA 1º, 2º E 3º NOS QUADRINHOS.

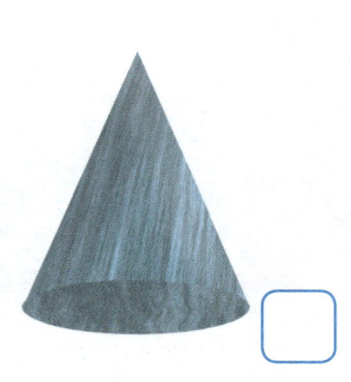

12. FERNANDO PINTOU UMA EMBALAGEM PARA COLOCAR UM PRESENTE PARA SUA IRMÃ. ELE RETIROU O EXCESSO DE TINTA CARIMBANDO ALGUMAS PARTES EM UMA FOLHA DE PAPEL. OBSERVE OS CARIMBOS A SEGUIR.

A) QUAL DAS EMBALAGENS ABAIXO FERNANDO UTILIZOU? CONTORNE-A.

B) AGORA, DESENHE NO QUADRO AS FIGURAS QUE PODEM SER OBTIDAS AO UTILIZAR A EMBALAGEM ABAIXO COMO CARIMBO.

13. VAMOS PINTAR OS MOLDES E MONTÁ-LOS?

PARA ESTA ATIVIDADE, PINTE E DESTAQUE OS MOLDES DAS PÁGINAS **227**, **229** E **231**.

A) MOLDE DA FIGURA QUE REPRESENTA UM **BLOCO RETANGULAR**.

PINTE CADA PARTE COM UMA COR DIFERENTE. DEPOIS, MONTE-O.

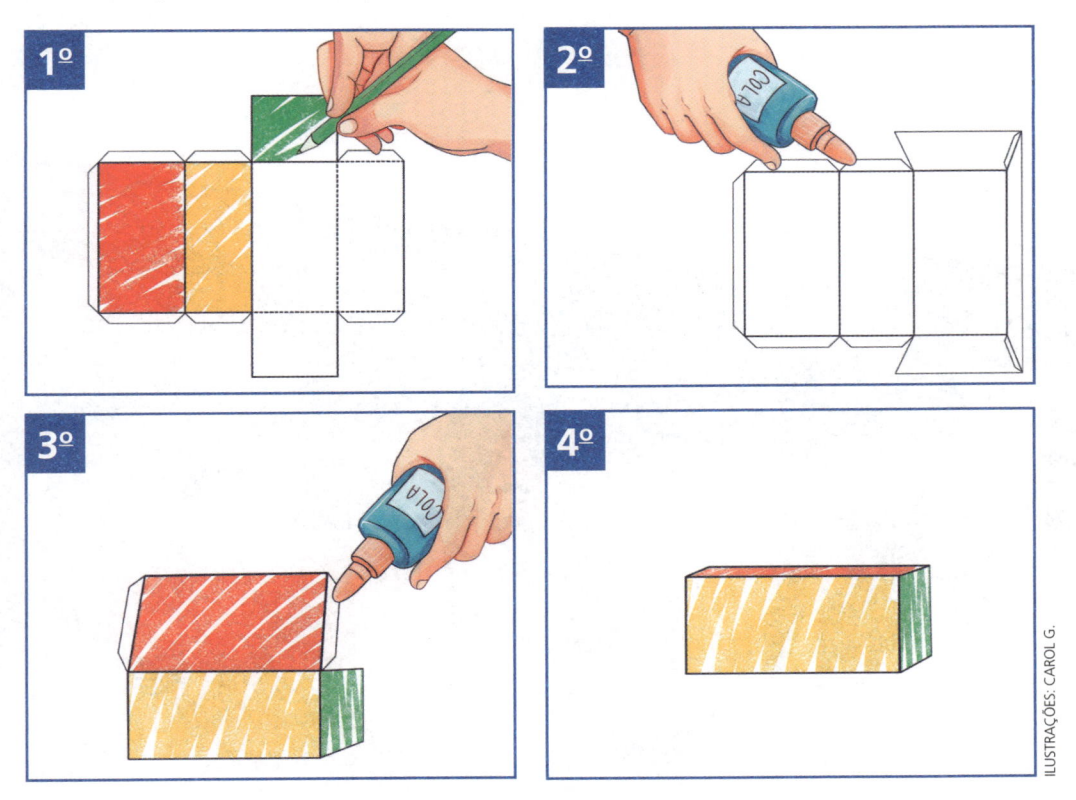

- QUANTAS CORES VOCÊ UTILIZOU? _____ CORES.

B) MOLDE DA FIGURA QUE REPRESENTA UM **CUBO**.

PINTE CADA PARTE COM UMA COR DIFERENTE. DEPOIS, MONTE-O.

- QUANTAS CORES VOCÊ UTILIZOU? _____ CORES.

C) MOLDE DA FIGURA QUE REPRESENTA UMA **PIRÂMIDE**.

PINTE CADA PARTE COM UMA COR DIFERENTE. DEPOIS, MONTE-O.

- QUANTAS CORES VOCÊ UTILIZOU? _____ CORES.

JOGOS E BRINCADEIRAS

▼ VAMOS BRINCAR DE QUAL É O OBJETO?

MATERIAL
- CAIXA DE PAPELÃO DE TAMANHO MÉDIO
- EMBALAGENS COM FORMAS QUE LEMBRAM FIGURAS GEOMÉTRICAS ESPACIAIS

COMO JOGAR

1. O PROFESSOR COLOCA SOBRE SUA MESA UMA CAIXA DE PAPELÃO COM DOIS FUROS E ALGUNS OBJETOS COM FORMAS QUE LEMBRAM FIGURAS GEOMÉTRICAS ESPACIAIS.
2. ELE ESCONDE UM OBJETO DENTRO DA CAIXA, SEM QUE O ALUNO VEJA.
3. UM ALUNO POR VEZ DEVE COLOCAR AS MÃOS DENTRO DA CAIXA E DESCOBRIR, PELO TATO, QUAL É O OBJETO E A FIGURA GEOMÉTRICA ESPACIAL QUE ELE LEMBRA.
4. O ALUNO RETIRA O OBJETO DA CAIXA E MOSTRA AO PROFESSOR E AOS COLEGAS PARA COMPROVAR SE ACERTOU.

A BRINCADEIRA DEVE TERMINAR DEPOIS DE TODOS OS ALUNOS TEREM PARTICIPADO.

CINQUENTA E NOVE 59

LOCALIZAÇÃO E DESLOCAMENTO

LOCALIZAÇÃO

1. OBSERVE A SALA DE AULA DOS ALUNOS DO 2º ANO DE UMA ESCOLA.

A) COMPLETE AS SENTENÇAS COM **MAIS PERTO** OU **MAIS LONGE**.

- CAIO SENTA _____ DA PORTA DO QUE PEDRO.

- ALINE SENTA _____ DA MESA DA PROFESSORA DO QUE JÚLIO.

B) COMPLETE AS SENTENÇAS COM **À FRENTE**, **ATRÁS** OU **ENTRE**.

- SÍLVIA SENTA LOGO _____ DE LAURA.

- ARTUR SENTA LOGO _____ DE JÚLIO.

- PEDRO SENTA _____ MAURO E ALINE.

C) QUE OBJETO ESTÁ EM CIMA DA MESA DA PROFESSORA?

_____

D) JÚLIO USA O RELÓGIO NO BRAÇO **ESQUERDO**. NA MÃO **DIREITA** ELE SEGURA UM LÁPIS.

• VOCÊ JÁ USOU RELÓGIO? EM QUAL BRAÇO?

2. DESENHE A FIGURA AO LADO COM A MÃO **ESQUERDA** E, DEPOIS, COM A **DIREITA**.

MÃO ESQUERDA	MÃO DIREITA

• COM QUAL DAS MÃOS FOI MAIS FÁCIL DESENHAR? MARQUE A RESPOSTA COM UM ✗.

☐ ESQUERDA   ☐ DIREITA

SESSENTA E UM **61**

3. OBSERVE A REPRESENTAÇÃO DO BAIRRO ONDE FICA A CASA DE JOAQUIM.

A) CONTORNE NA REPRESENTAÇÃO O LOCAL ONDE JOAQUIM PODE ASSISTIR A FILMES.

B) MARQUE A RESPOSTA COM UM ✗.

- O QUE FICA MAIS PERTO DA DELEGACIA?

  ☐ ESCOLA   ☐ PREFEITURA   ☐ PRAÇA

- O QUE FICA ENTRE O CINEMA E A CRECHE?

  ☐ FARMÁCIA   ☐ CASA   ☐ HOSPITAL

- O QUE FICA LOGO ATRÁS DA ESCOLA?

  ☐ DELEGACIA   ☐ TEATRO   ☐ FARMÁCIA

C) NO ESQUEMA, TRACE O CAMINHO QUE O CAMINHÃO PODE SEGUIR PARA CHEGAR AO CENTRO DE RECICLAGEM.

4. RAFAEL TRABALHA COMO VOLUNTÁRIO NA BIBLIOTECA DA ESCOLA. OBSERVE COMO ELE ORGANIZOU OS LIVROS NAS ESTANTES.

OS LIVROS DE GEOGRAFIA, POR EXEMPLO, ESTÃO NA ESTANTE **B**, PRATELEIRA **3**.

A) CONTORNE OS LIVROS QUE ESTÃO NA ESTANTE **A**, PRATELEIRA **2**.

B) ONDE ESTÃO OS LIVROS SOBRE:

ANIMAIS? ESTANTE: _____. PRATELEIRA: _____.

MATEMÁTICA? ESTANTE: _____. PRATELEIRA: _____.

HISTÓRIA? ESTANTE: _____. PRATELEIRA: _____.

C) DO QUE TRATAM OS LIVROS QUE ESTÃO NA PRATELEIRA LOGO ACIMA DAQUELA DOS LIVROS DE AVENTURA?

DESLOCAMENTO

1. JOÃO E MARIA CONSEGUIRAM FUGIR DA CASA DA BRUXA, MAS CADA UM SEGUIU UM CAMINHO DIFERENTE. VEJA O CAMINHO DE JOÃO TRAÇADO EM **AZUL** E O DE MARIA, EM **VERDE**.

A) QUEM PASSOU MAIS PERTO DA TOCA DO LOBO?

___

B) QUEM PASSOU MAIS PERTO DO LAGO?

___

C) QUEM FEZ O CAMINHO MAIS CURTO?

___

D) EXPLIQUE A UM COLEGA A LOCALIZAÇÃO DA CASA DA BRUXA.

2. SIGA AS DICAS DO PIRATA E LEVE O NAVIO ATÉ A ILHA DO TESOURO.

> O NAVIO NÃO PODE PASSAR POR REDEMOINHO, NÉVOA E ROCHA.

REDEMOINHO

NÉVOA

ROCHA

AGORA, REÚNAM-SE EM DUPLAS E RESOLVAM AS QUESTÕES.

A) QUEM FEZ O CAMINHO MAIS CURTO: VOCÊ OU SEU COLEGA?

B) DESENHEM UM CAMINHO DIFERENTE DAQUELES QUE VOCÊS JÁ FIZERAM.

3. SEGUINDO OS COMANDOS ABAIXO, TRACE NO ESQUEMA O TRAJETO QUE RENATA FEZ PARA IR DE SUA CASA ATÉ A ESCOLA.

1º SAIU DE SUA CASA, VIROU À ESQUERDA E CAMINHOU ATÉ A ESQUINA.

2º VIROU À DIREITA, ATRAVESSOU A RUA E VIROU À ESQUERDA.

3º ATRAVESSOU A RUA E SEGUIU EM FRENTE ATÉ A PRÓXIMA ESQUINA.

4º ATRAVESSOU A RUA, VIROU À DIREITA E SEGUIU EM FRENTE ATÉ A PRÓXIMA ESQUINA.

5º VIROU À ESQUERDA E SEGUIU ATÉ A ENTRADA DA ESCOLA.

4. ARLETE ADORA JOGAR *VIDEO GAME*. EM SEU JOGO PREFERIDO, UM CACHORRO PRECISA COLETAR UMA BOLA DE CADA COR PARA PASSAR PARA A FASE SEGUINTE. OBSERVE O CAMINHO QUE ARLETE ESCOLHEU NO JOGO.

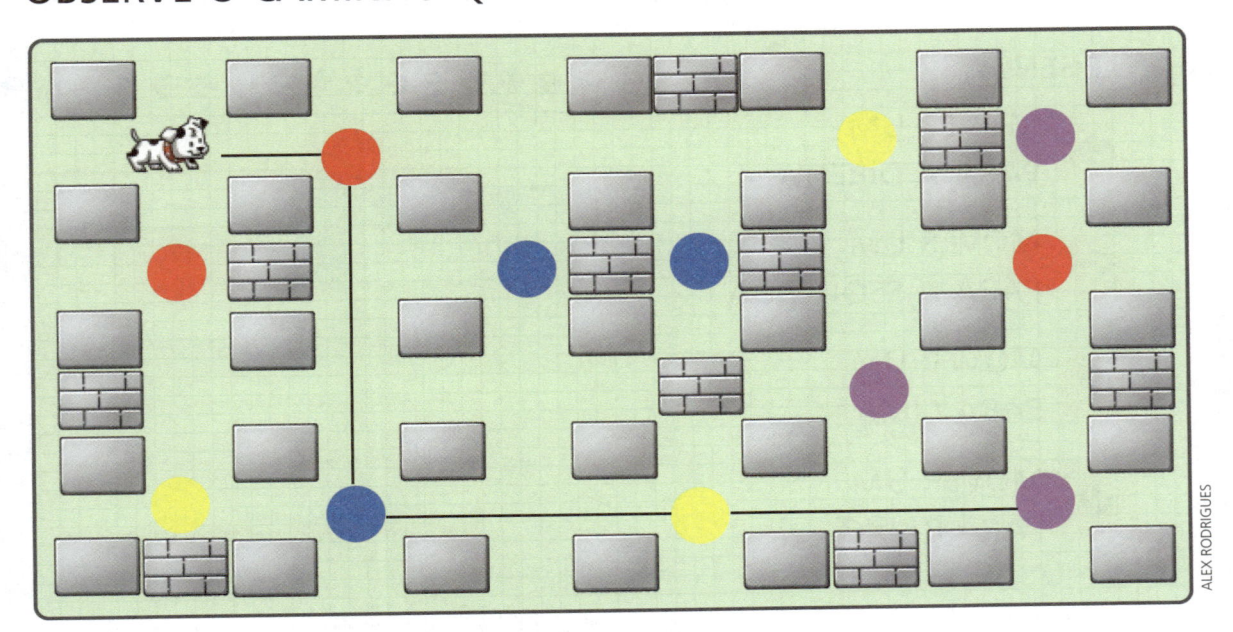

A) ESCREVA OS NÚMEROS ORDINAIS, DE 1º A 6º, QUE INDICAM OS COMANDOS USADOS POR ARLETE PARA TRAÇAR O CAMINHO QUE O CACHORRO FEZ.

☐ CAMINHOU ATÉ A 🟡

☐ CAMINHOU ATÉ A 🔵

☐ CAMINHOU ATÉ A 🔴

☐ CAMINHOU ATÉ A 🟣

☐ VIROU À ESQUERDA

☐ VIROU À DIREITA

B) TRACE, NA FIGURA, OUTRO CAMINHO QUE ARLETE PODERIA TER ESCOLHIDO PARA O CACHORRO COLETAR UMA BOLA DE CADA COR.

5. VAMOS COMPLETAR A SEQUÊNCIA? OBSERVE A LEGENDA E TERMINE DE TRAÇAR O CAMINHO NA MALHA QUADRICULADA. NOTE QUE AS SETAS CONTORNADAS JÁ FORAM REPRESENTADAS.

LEGENDA

→ MOVER UM ☐ PARA A DIREITA.

← MOVER UM ☐ PARA A ESQUERDA.

↑ MOVER UM ☐ PARA CIMA.

↓ MOVER UM ☐ PARA BAIXO.

→ → → ↓ ← ← ↓ ↓ → → → ↑ ↑ ↑ → →

- AGORA, ANALISE AS SEQUÊNCIAS DE SETAS E MARQUE COM UM ✗ AQUELA QUE REPRESENTA O CAMINHO DO **INÍCIO** AO **FIM** DA MALHA QUADRICULADA ABAIXO. DEPOIS, TRACE ESSE CAMINHO.

☐ → ↑ → → ↑ → → → ↓ ↓ ← ← ↓

☐ → ↑ → → → ↓ ↓ ↓ ← ↓

☐ → ↓ ↓ → → → ↑ ↑ → → ↓ ↓ ↓ ↓ ← ←

6. OBSERVANDO OS CAMINHOS TRAÇADOS, COMPLETE AS SEQUÊNCIAS DE SETAS QUE REPRESENTAM CADA UM DELES.

A) → → ↑

B) → ↑ →

7. REÚNAM-SE EM DUPLAS E PINTEM 13 ▢ PARA TRAÇAR UM CAMINHO DO **INÍCIO** AO **FIM**. DEPOIS, REPRESENTEM O CAMINHO COM SETAS.

VOCÊ CIDADÃO

DESLOCAMENTO NA CIDADE

VOCÊ LEITOR

VEJA ALGUMAS DICAS QUE AJUDAM A PREVENIR ACIDENTES QUANDO NOS DESLOCAMOS PELA CIDADE.

ANDE SEMPRE PELA CALÇADA, AFASTADO DA RUA E ACOMPANHADO POR UM ADULTO.

ATRAVESSE A RUA APENAS NA FAIXA DE PEDESTRES, MAS ANTES OLHE PARA A DIREITA E PARA A ESQUERDA.

RESPEITE AS PLACAS E SINALIZAÇÕES DE TRÂNSITO.

AO ATRAVESSAR A RUA, NUNCA VOLTE PARA BUSCAR OBJETOS CAÍDOS NO CHÃO.

ILUSTRAÇÕES: DAYANE RAVEN

NO CARRO, TODOS DEVEM USAR CINTOS DE SEGURANÇA. CRIANÇAS MENORES DE 10 ANOS DEVEM USAR ASSENTOS ADEQUADOS FIXADOS AO BANCO TRASEIRO.

1. POR QUE É NECESSÁRIO OLHAR À DIREITA E À ESQUERDA ANTES DE ATRAVESSAR A RUA?

2. CONTORNE O SEMÁFORO QUE INDICA QUE SE PODE ATRAVESSAR A RUA.

3. QUAL É A SUA IDADE? VOCÊ PODE SE SENTAR NO BANCO DIANTEIRO DO CARRO?

VOCÊ ESCRITOR

4. REÚNAM-SE EM GRUPOS DE TRÊS ALUNOS PARA FAZER UM CARTAZ. PARA ISSO, ESCOLHAM UMA DAS DICAS APRESENTADAS. DEPOIS, EM UMA FOLHA DE PAPEL, ESCREVAM A DICA E ILUSTREM COM UMA FIGURA.

SETENTA E UM

UM POUCO MAIS

1. OBSERVE AS IMAGENS A SEGUIR. QUAL DELAS **NÃO** REPRESENTA O MOLDE DE UM CUBO? CONTORNE A IMAGEM.

2. OSNI É EQUILIBRISTA E ESTÁ TREINANDO SOBRE UMA PRANCHA APOIADA EM DIFERENTES OBJETOS.

A) QUE FIGURAS GEOMÉTRICAS ESPACIAIS LEMBRAM OS OBJETOS SOBRE OS QUAIS ESTÁ A PRANCHA?

_____

B) EM QUAL DOS OBJETOS VOCÊ ACHA QUE É MAIS DIFÍCIL SE EQUILIBRAR? MARQUE-O COM UM ✗ E CONVERSE COM O PROFESSOR E OS COLEGAS SOBRE SUA ESCOLHA.

72 SETENTA E DOIS

3. A MÃE DE JORGE GOSTA DE TER EM SUA COZINHA UTENSÍLIOS COLORIDOS. OBSERVE A ESTANTE QUE ELA ARRUMOU.

A) PINTE O ☐ COM A COR DO COPO QUE ESTÁ:

- LOGO À DIREITA DO COPO ROXO. ☐
- LOGO À ESQUERDA DO COPO LARANJA. ☐

B) QUAL É O UTENSÍLIO DE COZINHA? LEIA AS DICAS, ENCONTRE-O NA ESTANTE E, DEPOIS, CONTORNE-O.

| ESTÁ EM UMA PRATELEIRA LOGO ABAIXO DAQUELA EM QUE ESTÁ A FRIGIDEIRA AZUL. | ESTÁ MAIS PERTO DA CONCHA VERMELHA DO QUE DA TÁBUA DE CARNE. | NÃO É UM COPO. |

4. COMPLETE A SEQUÊNCIA DE SETAS PARA LIGAR OS DOIS PONTOS EM DESTAQUE.

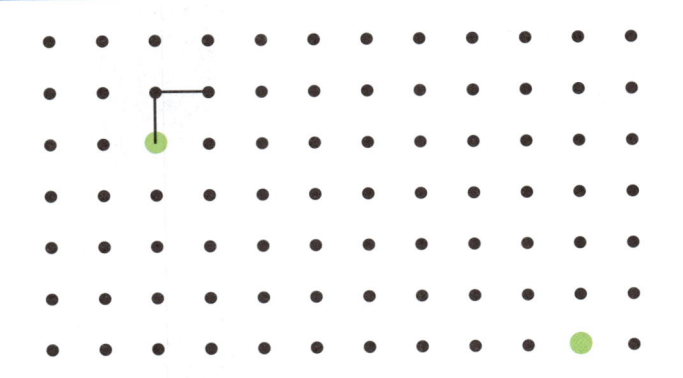

↑ →

- AGORA, PEÇA A UM COLEGA QUE TRACE O CAMINHO QUE VOCÊ INDICOU COM AS SETAS.

SETENTA E TRÊS   **73**

UNIDADE 3
GRANDEZAS E MEDIDAS

- O que está acontecendo na cena?
- Você já fez algo parecido? O que achou?
- Como identificar a criança mais alta, estando uma de costas para a outra?

MEDIDAS DE COMPRIMENTO

1. Tiago, Roberta, Paulo e Maiara estão comparando suas alturas. Observe.

a) Escreva o nome das crianças em ordem, da mais alta para a mais baixa.

_____

b) Compare sua altura com a de um colega. Quem é o mais alto? Marque a resposta com um ✗.

☐ Você ☐ Colega

2. Veja como podemos medir comprimentos usando partes do nosso corpo.

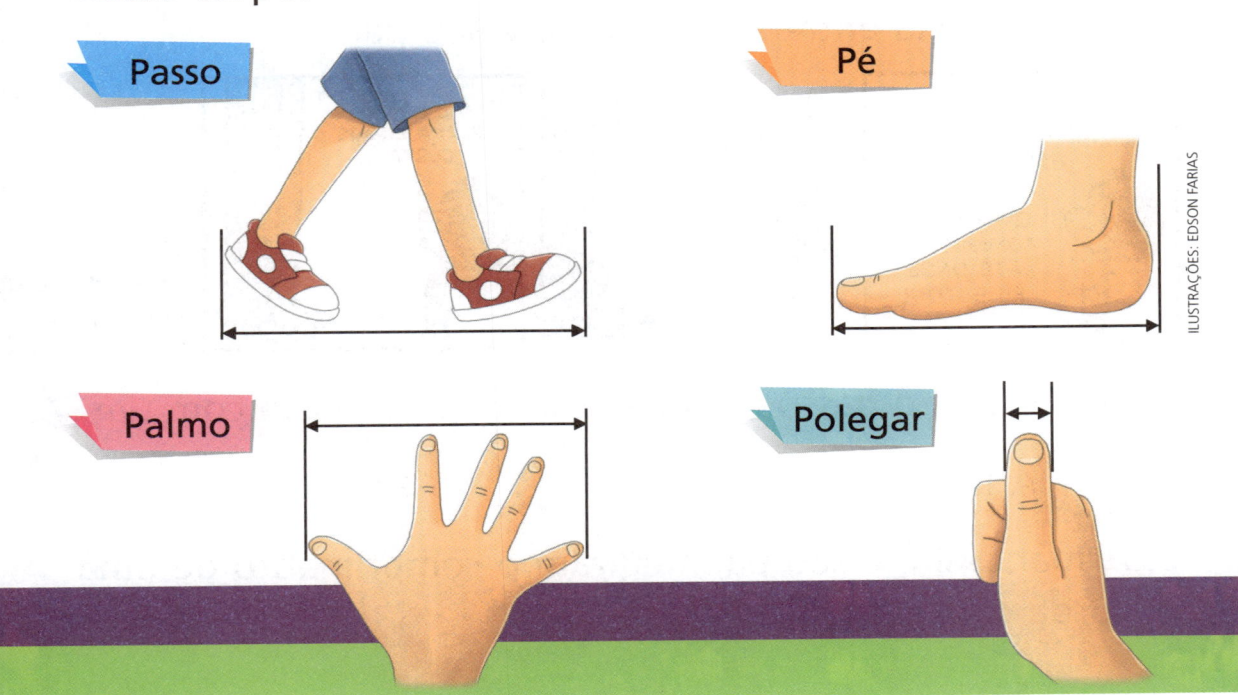

Passo

Pé

Palmo

Polegar

- Quais dessas opções você usaria para medir:

   a) o comprimento de uma cama?

   _____

   b) a largura de uma porta?

   _____

   c) o comprimento de uma colher?

   _____

3. Usando seu palmo, coloque no chão duas borrachas com 10 palmos de distância entre si. Depois, meça essa distância com seus pés e registre. _____ pés.

- O que é mais comprido? Marque a resposta com um ✗.

   ☐ Seu palmo   ☐ Seu pé

Setenta e sete **77**

VOCÊ LEITOR

4. Leia a conversa entre Armandinho e seu pai.

> JÁ PEDI PRA NÃO ME CHAMAR ASSIM!
> QUER FALAR COMIGO? VAI ATÉ ONDE EU ESTOU!
>
> A DISTÂNCIA É EXATAMENTE A MESMA PRA NÓS DOIS!
>
> MAS A MINHA PERNA É MAIS CURTA...

ARMANDINHO, DE ALEXANDRE BECK

Alexandre Beck. **Armandinho dois**. Florianópolis: A. C. Beck, 2014. p. 54.

a) Quem tem o passo menor? Marque a resposta com um ✗.

☐ Armandinho   ☐ Pai

b) Armandinho e seu pai mediram o comprimento de uma corda com seus passos. Observe.

- Quantos passos cada um obteve?

Armandinho: _____ passos.   Pai: _____ passos.

VOCÊ ESCRITOR

c) Meça com passos o contorno da sala de aula e registre.

_____ passos.

- Reúnam-se em duplas e conversem: as respostas dos dois foram as mesmas? Por quê?

d) Você acha que é uma boa ideia medir o contorno da sala de aula com o polegar? Por quê?

5. Carol utilizou clipes de dois tamanhos para medir o comprimento de um pincel e de uma tesoura. Observe.

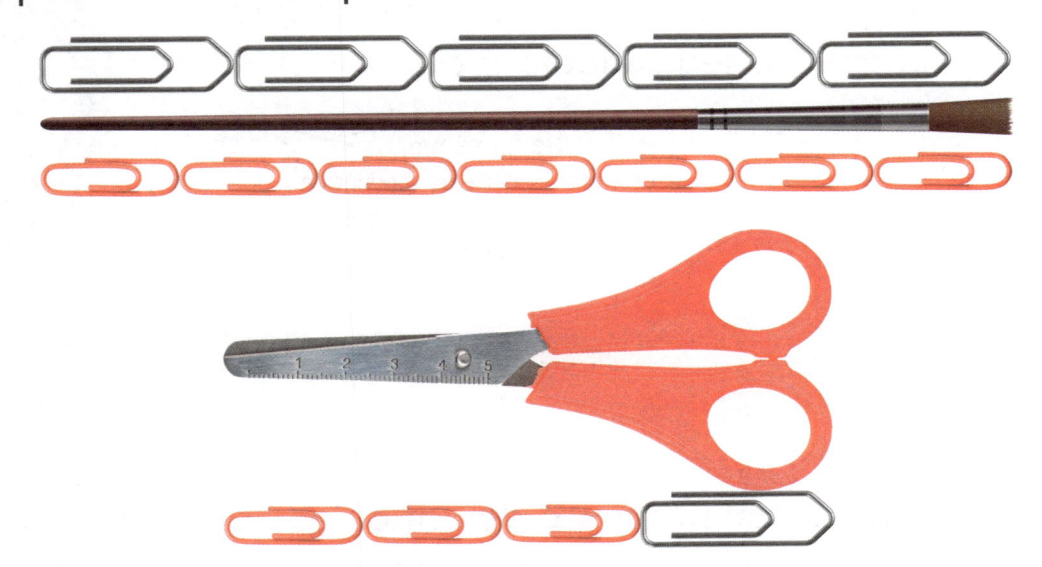

a) Qual é o comprimento do pincel que Carol mediu?

_____ 🧷 ou _____ 🧷

b) E o comprimento da tesoura?

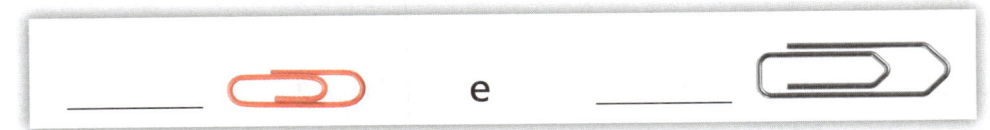

_____ 🧷 e _____ 🧷

c) Agora é sua vez! Destaque as figuras dos clipes da página **233**. Depois, meça com elas o comprimento das imagens do lápis e da caneta a seguir.

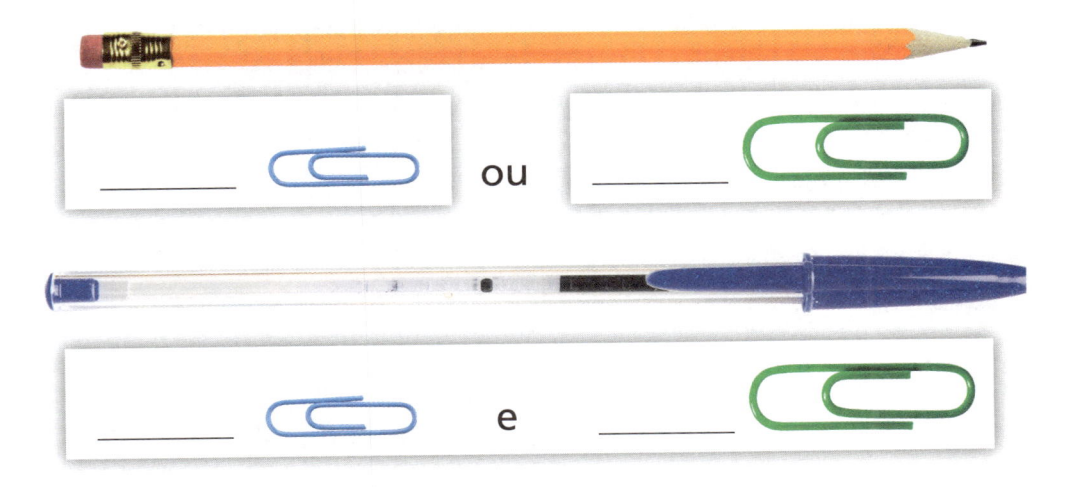

_____ 🧷 ou _____ 🧷

_____ 🧷 e _____ 🧷

Setenta e nove **79**

O CENTÍMETRO E O MILÍMETRO

Centímetro é uma das unidades de medida de comprimento, e seu símbolo é **cm**.

Nesta régua, a distância entre as marcações de um número para o seguinte mede 1 centímetro.

1. Para medir o comprimento de um objeto com a régua, é preciso ajustar a marcação do zero à extremidade desse objeto. Observe.

a) Qual é o comprimento dessa caneta? _____ cm.

b) Indique o comprimento dos objetos a seguir.

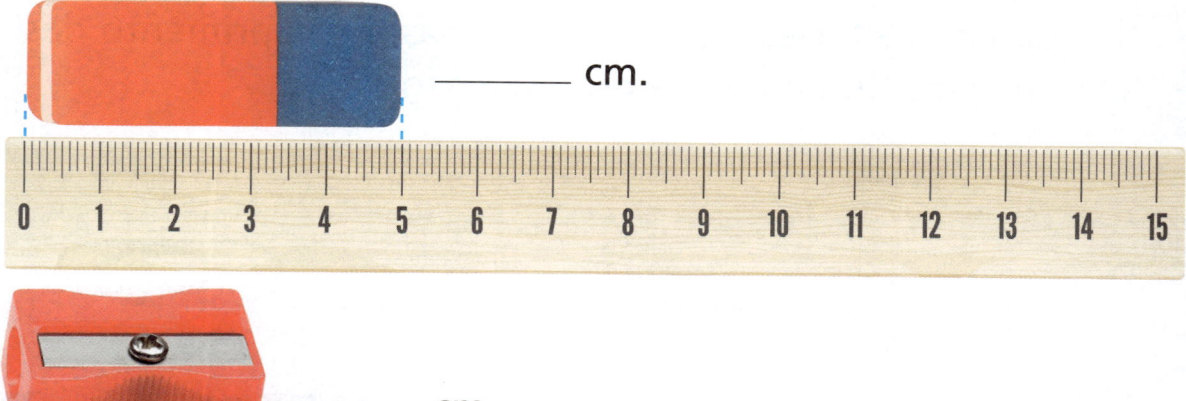

_____ cm.

_____ cm.

2. Bianca e sua mãe mediram o mesmo lápis de duas maneiras. Cada uma mediu com uma régua e depois com o polegar. Observe e complete as frases.

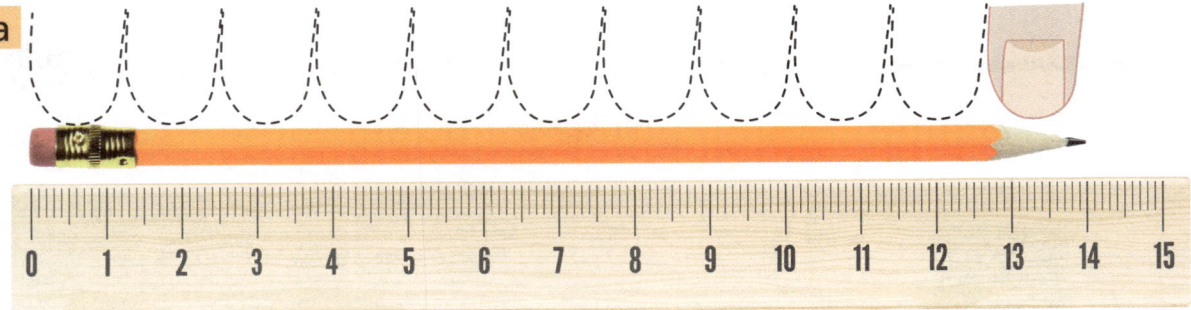

Bianca

Mãe de Bianca

- O lápis mede _____ polegares de Bianca ou _____ cm.

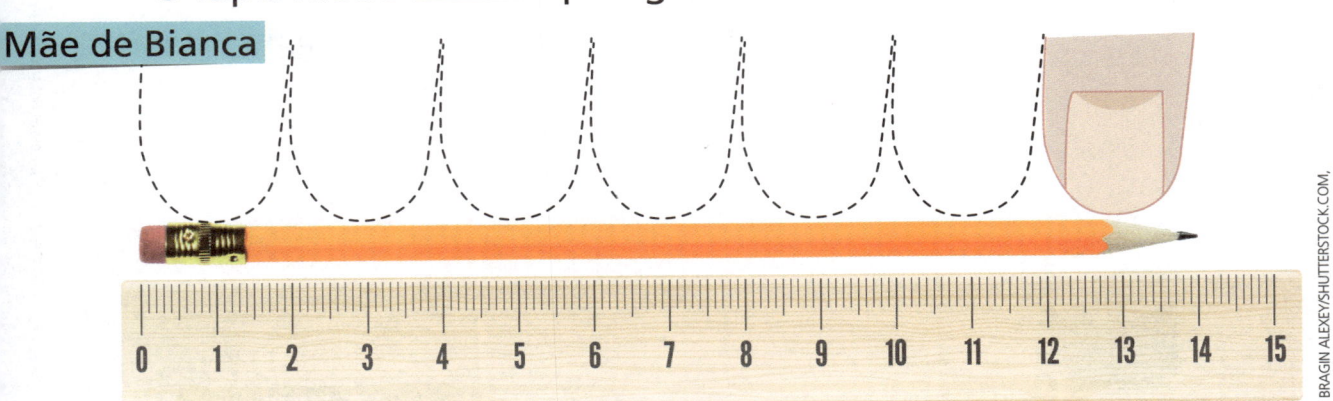

- O lápis mede _____ polegares da mãe de Bianca ou _____ cm.

a) As medidas obtidas com o polegar de cada uma são iguais ou diferentes? _____

b) As medidas obtidas em centímetro são iguais ou diferentes?
_____

c) Meça o lápis da imagem acima com a **régua** e o seu polegar. Compare essas medidas com as obtidas por Bianca e pela mãe dela.

_____ polegares ou _____ cm.

3. Utilize uma régua para medir o comprimento das imagens dos objetos a seguir. Anote o valor obtido.

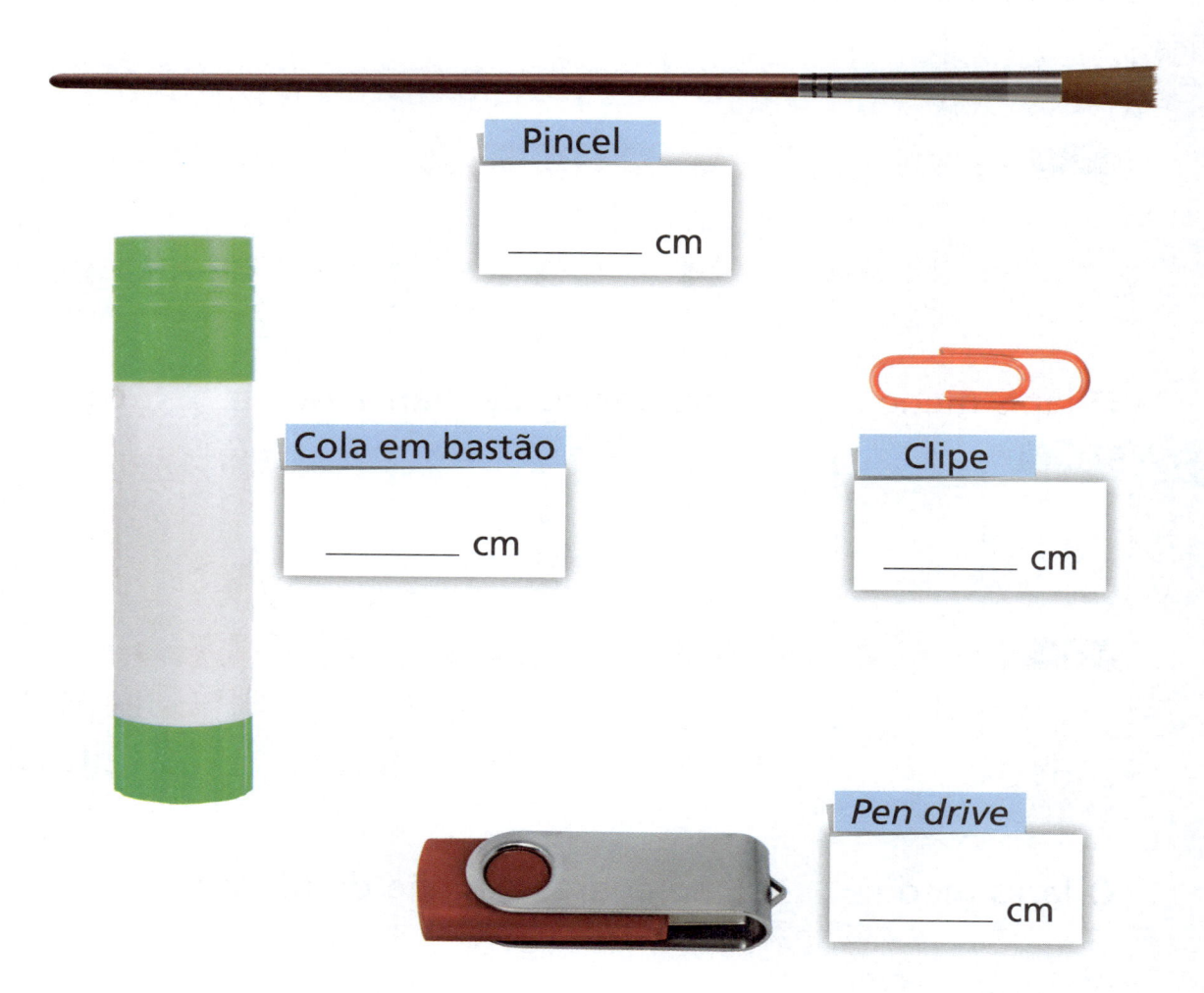

Pincel
_____ cm

Cola em bastão
_____ cm

Clipe
_____ cm

Pen drive
_____ cm

4. Vamos tentar desenhar uma linha com a medida correta? Sem usar a régua, trace nos pontilhados uma linha que você acredite ter 7 cm.

• A

• Agora, trace com a régua uma linha de 7 cm partindo de **A**. Depois, compare as duas linhas.

O **milímetro**, indicado pelo símbolo **mm**, também é uma unidade de medida de comprimento.

Na régua, as marcações entre dois números consecutivos dividem 1 cm em 10 mm.

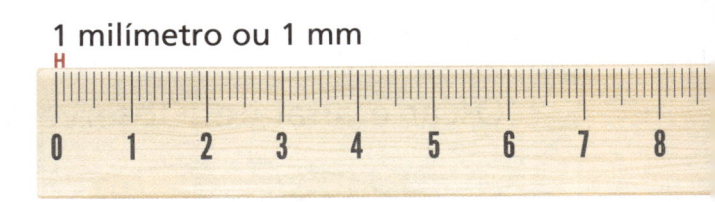

1 milímetro ou 1 mm

5. Renan tem uma coleção de miniaturas de carrinhos esportivos. O modelo abaixo mede 45 mm de comprimento.

Com o auxílio de uma régua, indique em milímetro o comprimento de cada carrinho a seguir.

a) _____ mm

b) _____ mm

6. Qual é a medida do contorno do triângulo representado abaixo? Utilize uma régua e dê a resposta em milímetro.

_____ mm

Oitenta e três **83**

O METRO

O **metro** é outra unidade de medida de comprimento, e seu símbolo é o **m**.

1. Oscar é alfaiate. Observe o que ele está dizendo.

1 metro corresponde a 100 centímetros.

A tira de tecido que Oscar cortou mede 1 m de comprimento.

- Coloque um barbante sobre a tira de tecido e marque o tamanho utilizado. Corte o barbante na marcação, assim você terá um pedaço de barbante com 1 m de comprimento.

2. Quais dos itens abaixo você acha que mede mais de 1 m? Marque-os com um ✗.

☐ Comprimento da sua carteira

☐ Largura de um livro

☐ Altura de uma porta

☐ Sua altura

- Confira suas respostas com o pedaço de barbante que você cortou na atividade anterior.

3. Os alunos do 2º ano mediram os lados da quadra da escola. Observe como eles fizeram a representação dessa quadra com as medidas obtidas.

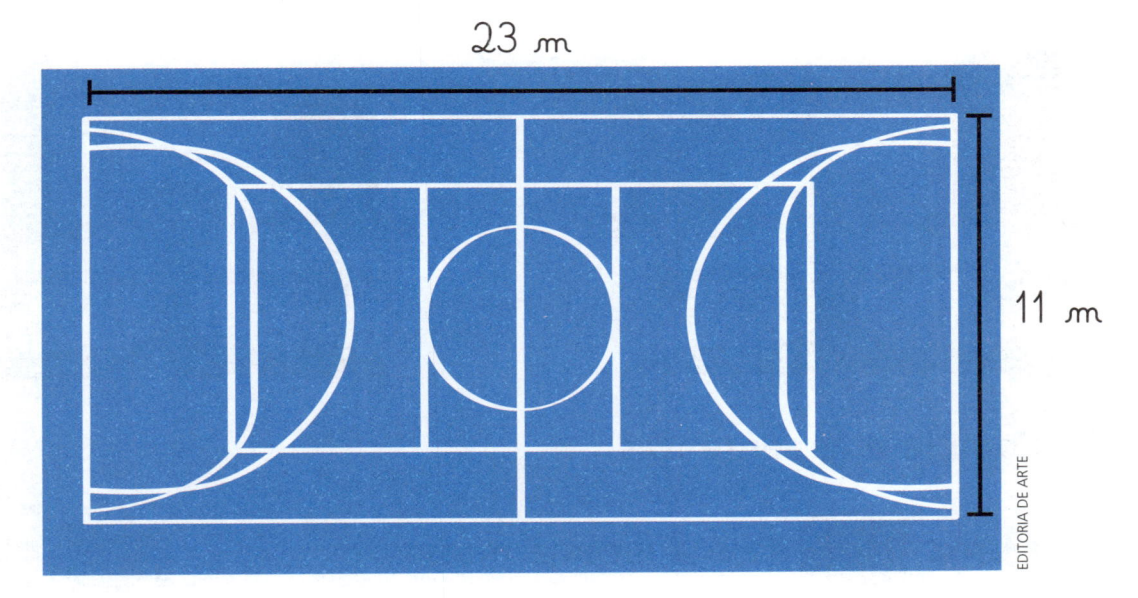

23 m

11 m

- Qual a medida do comprimento, em metro, do contorno dessa quadra?

_____ m

MEDIDAS DE MASSA

1. Observe as balanças abaixo. Marque com um ✗ a balança que está em equilíbrio, ou seja, em que cada prato tem massas iguais. Nas outras balanças, contorne o prato com maior massa.

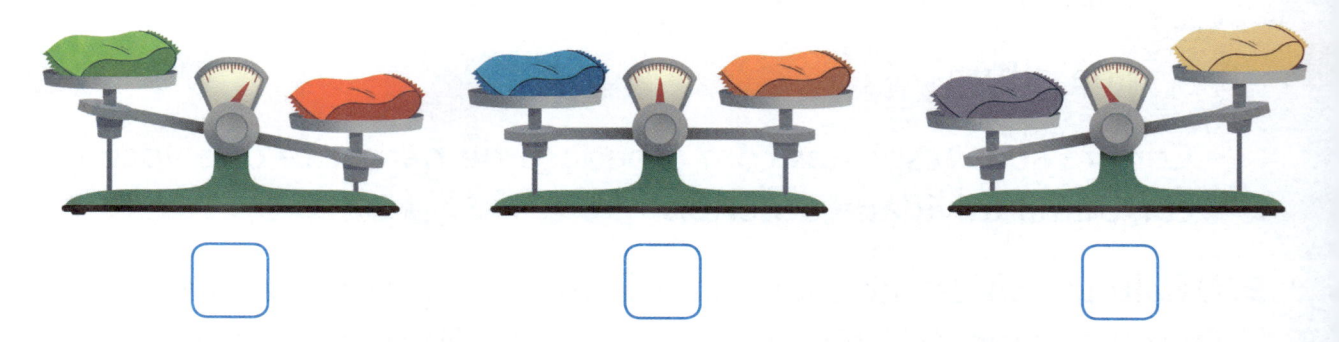

2. As balanças nas figuras abaixo estão em equilíbrio. Observe.

a) Complete as sentenças.

• Uma ⬛ tem a mesma massa de _____ ⬛.

• Uma ⬛ tem a mesma massa de _____ ⬛.

b) Pinte as caixas ordenando-as da mais leve para a mais pesada.

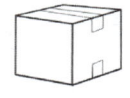

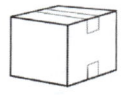

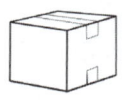

O QUILOGRAMA E O GRAMA

O **quilograma** é uma unidade de medida de massa, e seu símbolo é **kg**.

Nesta balança há 1 kg de maçãs.

1. Observe as balanças ilustradas a seguir.

- Marque com um ✗ as balanças que têm mais de 1 kg de frutas.
- Contorne as balanças que têm menos de 1 kg de frutas.

a) Qual é o nome da fruta que está na balança indicando a maior massa, em quilograma? _____

b) Qual é o nome da fruta que está na balança indicando a menor massa, em quilograma? _____

Oitenta e sete **87**

2. Observe os produtos que estão nas prateleiras de um mercado.

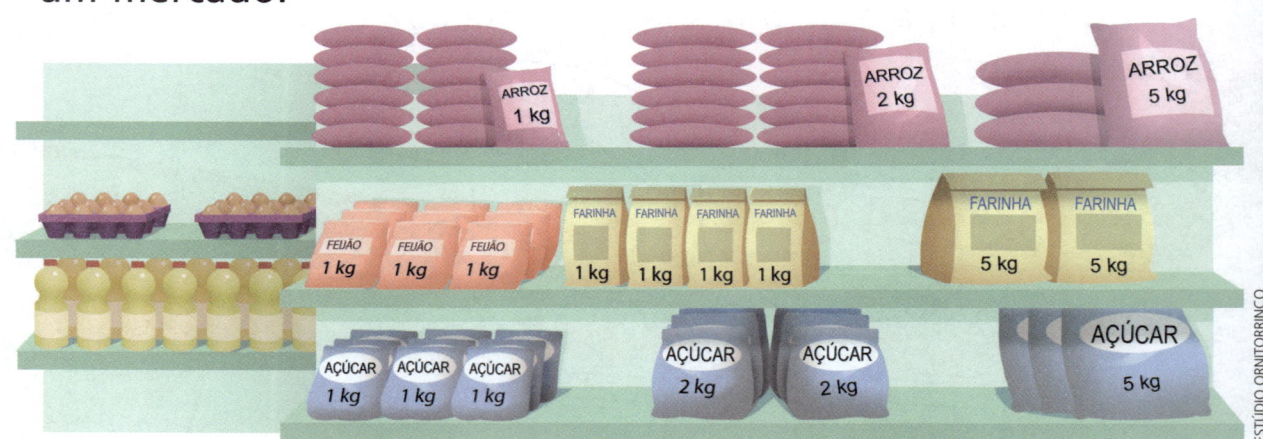

a) Complete o quadro com o nome dos produtos vendidos de acordo com a massa. Depois, marque com um ✘ as opções de massa indicadas nas embalagens.

Produto	Massa indicada		
	1 kg	2 kg	5 kg
Farinha	✘		✘

b) Você conhece outros produtos que são vendidos em embalagens com 1 kg, 2 kg ou 5 kg? Pesquise e registre no quadro acima.

3. Leia a tirinha de Armandinho.

Alexandre Beck. **Armandinho dois**. Florianópolis: A. C. Beck, 2014. p. 37.

a) Quantos quilogramas tem Armandinho? _____ kg

b) Quantos quilogramas você tem? _____ kg

c) Quem é mais pesado: você ou Armandinho?

_____

O **grama**, cujo símbolo é **g**, também é uma unidade de medida de massa.

4. No mercado, há diversos produtos vendidos em grama. Observe alguns deles.

90 g   35 g   22 g

ILUSTRAÇÕES: MARCOS MACHADO

a) Contorne o produto mais leve e marque com um ✗ o mais pesado.

b) Pesquise outros produtos que são vendidos em grama e escreva o nome deles.

_____

Oitenta e nove **89**

5. Observe a massa das moedas.

4 g — 5 centavos   1 real — 7 g

a) Qual dessas moedas é a mais pesada? Quantos gramas a mais?

_____

b) Quantos gramas têm ao todo as moedas abaixo?

_____ g

c) Vamos brincar?

- Reúnam-se em duplas e providenciem duas moedas: uma de 1 real e outra de 5 centavos.
- Um aluno deve fechar os olhos e abrir as mãos. O outro coloca uma moeda em cada uma delas.
- O aluno com os olhos fechados tenta descobrir qual moeda está na mão direita.

MEDIDAS DE CAPACIDADE

1. Leia o texto com o professor e os colegas.

> Experiência legal
> é olhar um pouquinho,
> ver água e óleo em um copinho
> e descobrir qual é qual!
>
> Texto do autor.

• Jéssica despejou, em um recipiente, líquidos de duas xícaras com **capacidades** diferentes: uma cheia de óleo e outra cheia de água. Observe.

Água e óleo não se misturam.

a) Marque com um ✗ a parte do recipiente que contém o óleo.

b) No recipiente, foi colocado mais água ou mais óleo?

_____

c) Observe as xícaras que Jéssica utilizou. Contorne aquela que continha óleo.

O LITRO E O MILILITRO

O **litro** é uma unidade de medida de capacidade, e seu símbolo é **L**.

1. Observe alguns produtos que são vendidos em embalagens conforme sua capacidade.

- Qual das embalagens você acha que tem capacidade para:

   a) mais de 1 litro? _____

   b) 1 litro? _____

   c) menos de 1 litro? _____

2. Indique quantos litros de água, ao todo, há nos recipientes ilustrados em cada item.

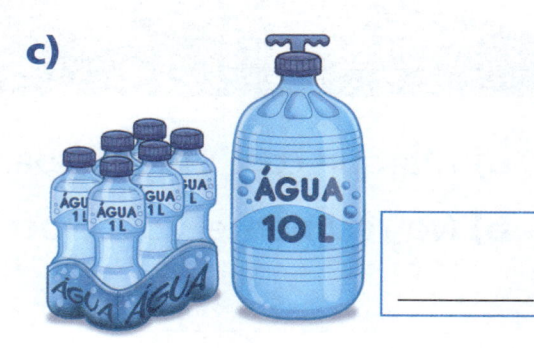

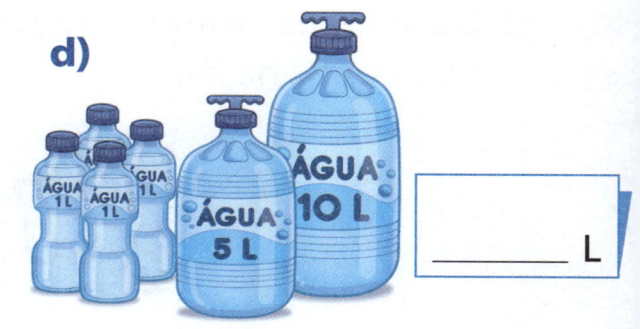

   a) _____ L

   b) _____ L

   c) _____ L

   d) _____ L

3. Danilo é *chef* de cozinha de um restaurante. Sua especialidade é a moqueca de peixe.

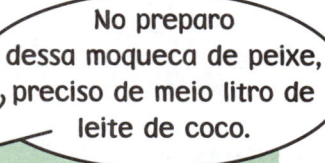

> No preparo dessa moqueca de peixe, preciso de meio litro de leite de coco.

- Cada recipiente de leite de coco ilustrado abaixo tem capacidade de 1 L. Contorne aquele que contém a quantidade que Danilo precisa para fazer a moqueca.

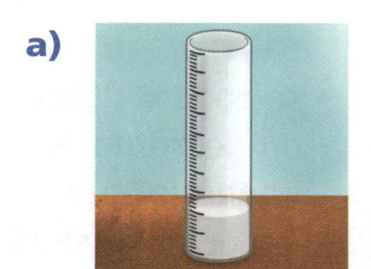

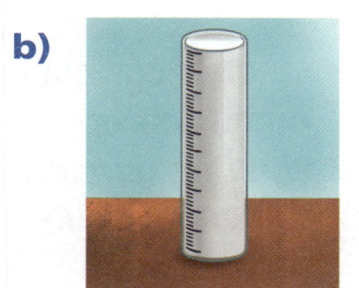

a)   b)   c)

4. Os galões a seguir estão cheios de água. Marque com um ✗ os galões que devem ser totalmente despejados no balde ao lado para enchê-lo, sem que ele transborde.

18 L

7 L   5 L   10 L   6 L

Noventa e três **93**

JOGOS E BRINCADEIRAS

QUANTO CABE?

Para essa brincadeira, é necessário ter recipientes de diferentes capacidades, formas e tamanhos e uma garrafa de 1 L de capacidade sobre uma mesa.

Um aluno, por vez, escolhe um recipiente e estima se a capacidade é maior que 1 L, menor que 1 L ou de 1 L.

Para verificar se acertou, o aluno enche de água a garrafa de 1 L e despeja-a no recipiente:

- se ele ficar cheio e sobrar água na garrafa, sua capacidade será menor que 1 L.

- se ele ficar cheio e não sobrar água na garrafa, sua capacidade será de 1 L.

- se toda a água da garrafa não enchê-lo, sua capacidade será maior que 1 L.

Noventa e cinco 95

5. Veja a diferença do consumo de água ao escovar os dentes com a torneira aberta e com a torneira fechada.

Torneira aberta: **12 L**

Torneira fechada: **1 L**

a) Quantos litros de água podem ser economizados ao escovar os dentes com a torneira fechada?

_____ L

b) Leia a tirinha.

PRA QUE ESSE MONTE DE CREME DENTAL?

É QUE EU TENHO QUE ESCOVAR OS DENTES APÓS TODAS AS REFEIÇÕES!

Mauricio de Sousa. **Turma da Mônica**. Disponível em: <http://turmadamonica.uol.com.br>. Acesso em: 18 jan. 2017.

- Se Magali faz três refeições por dia, quantos litros de água ela economiza, por dia, ao escovar os dentes com a torneira fechada?

_____ L

- E você, quantas vezes por dia escova os dentes? Você deixa a torneira aberta ou fechada?

O **mililitro**, cujo símbolo é **mL**, também é uma unidade de medida de capacidade.

6. A professora Solange está mostrando a seus alunos a quantidade de água que representa 1 mililitro.

   Para isso, ela colocou na mesa dois recipientes em forma de cubo: o maior, com capacidade para 1 L de água, e o menor, para 1 mL. Observe.

   > Observe esse recipiente menor. Os lados de cada face medem 1 cm, e aí cabe 1 mL de água. Assim, podemos dizer que 1 mililitro corresponde a 1 centímetro cúbico.

   - Observe alguns produtos vendidos em mililitro.

   a) Qual desses produtos tem capacidade de mais de 20 mL? Contorne-o.

   b) Você conhece outros produtos que são vendidos em mililitro? Escreva o nome de três deles.

   _____

   _____

7. Para um trabalho de Arte, Ana vai misturar toda a tinta dos frascos ilustrados ao lado.

a) Que cor ela vai obter após a mistura dessas tintas?

_____

b) Quantos mililitros de tinta terá essa nova cor?

_____ mL

8. Doutora Márcia está lendo a bula de um remédio para indicar a dose correta a seus pacientes. Veja a informação que ela destacou.

Modo de usar: 2 mL para cada 10 kg do paciente.

• Qual será a dose desse remédio para um paciente que tem:

a) 20 kg?

_____ mL

b) 30 kg?

_____ mL

9. Que tal um desafio? Explique como obter 30 mL de água com os copos das imagens abaixo.

Capacidade: 50 mL

Capacidade: 80 mL

MEDIDAS DE TEMPO

1. Roger está observando o calendário de 2018.

- Podemos indicar cada mês por meio de um número, na ordem em que ocorrem. Assim, janeiro é o mês 1.

   a) Que número indica o mês de outubro? _____

   b) Que mês é indicado pelo número 4? _____

   c) Qual é o último mês do ano? Que número indica esse mês?
   _____

2. Podemos escrever uma data utilizando somente números. Observe.

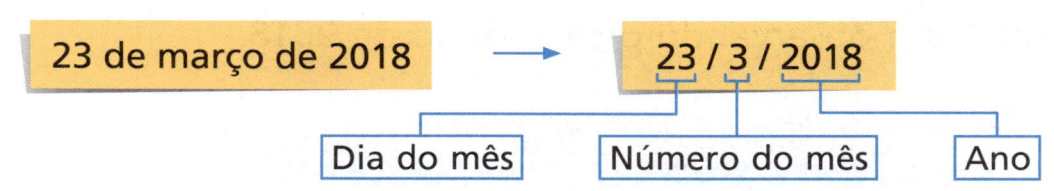

23 de março de 2018 → 23 / 3 / 2018

Dia do mês | Número do mês | Ano

• Agora, escreva a data:

a) de hoje: _____ / _____ / _____

b) de ontem: _____ / _____ / _____

c) de amanhã: _____ / _____ / _____

d) do seu nascimento: _____ / _____ / _____

3. Observe quando será o período de férias na escola de Davi.

JULHO						
Seg	Ter	Qua	Qui	Sex	Sáb	Dom
1	2	3	4	5	6	7
8	9	10	11	12	13	14
15	16	17	18	19	20	21
22	23	24	25	26	27	28
29	30	31				

a) Em que mês são essas férias? _____

b) Quantos são os dias de férias? _____ dias.

c) Davi calculou a quantidade de dias de férias de maneira errada: ele não considerou o primeiro e o último dia de férias. Quantos dias ele obteve nesse cálculo? _____ dias.

4. Sempre que faz compras no mercado, Regina confere o prazo de validade dos produtos. Observe dois desses produtos.

DATA DE FABRICAÇÃO: 15/4/2018.

VÁLIDO ATÉ: 15/10/2018.

DATA DE FABRICAÇÃO: 12/5/2018.

VÁLIDO POR 6 DIAS.

a) Até que dia cada produto pode ser consumido?

- Leite: _____ / _____ / _____

- Suco: _____ / _____ / _____

b) Qual é o prazo de validade de cada produto?

- Leite: _____ meses.
- Suco: _____ dias.

c) Por que é importante conferir o prazo de validade dos produtos?

Cento e um **101**

O RELÓGIO

1. Veja o que Sara diz sobre o relógio de ponteiros.

> Quando o ponteiro maior aponta para 12, o menor marca a hora exata.

a) Observe o relógio na ilustração acima e complete as sentenças.

- O ponteiro **maior** indica o número _____.

- O ponteiro **menor** indica o número _____.

- O relógio marca _____ horas.

b) Sara é uma menina que tem o período da manhã preenchido por algumas atividades. Observe e escreva as horas de acordo com os relógios.

| Brinca às _____ horas. | Almoça às _____ horas. | Vai à escola às _____ horas. |

102 Cento e dois

2. Desenhe os ponteiros no relógio para marcar o horário indicado.

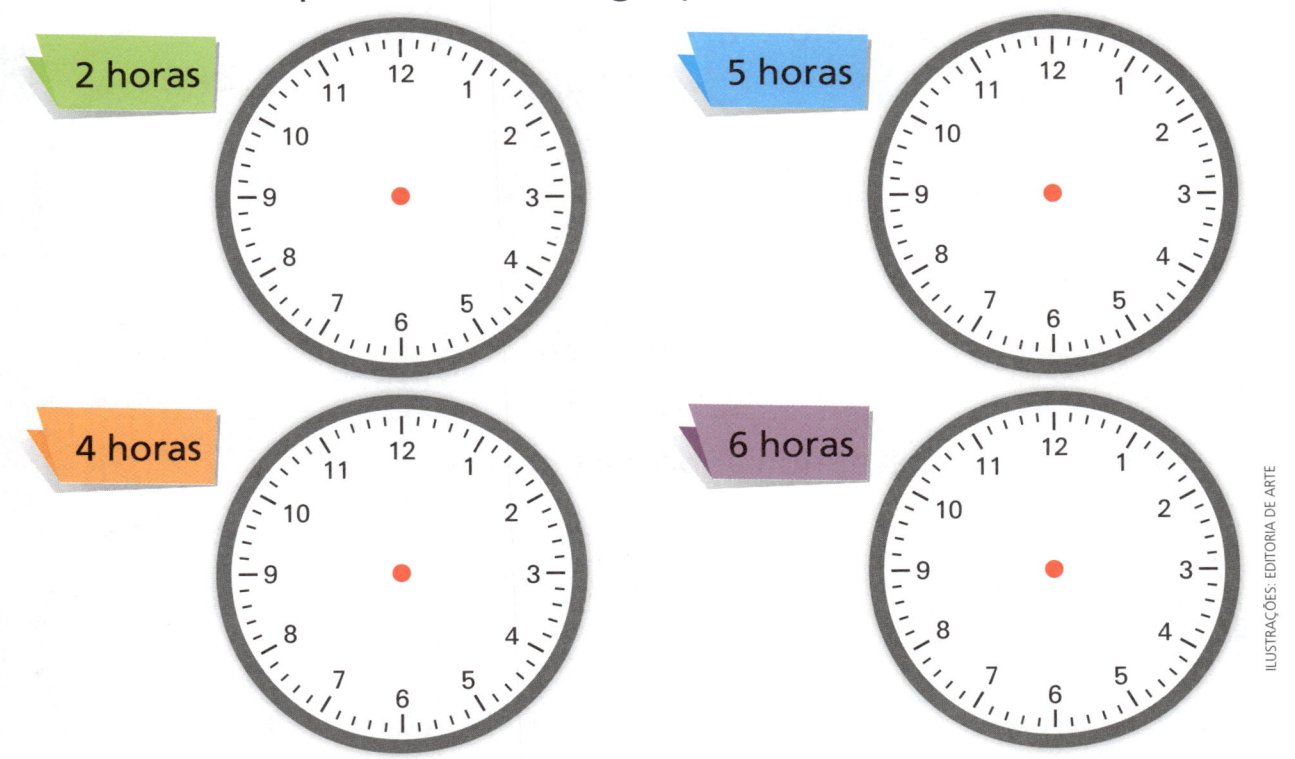

2 horas

5 horas

4 horas

6 horas

3. Veja o que Rodrigo está dizendo.

Faltam duas horas para começar minha aula de violão.

a) A que horas começa a aula de Rodrigo? _____ horas.

b) Desenhe os ponteiros no relógio para indicar a que horas começa essa aula de violão.

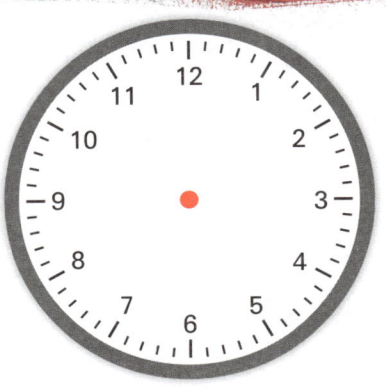

4. O dia tem 24 horas, e podemos dividi-lo em **antes** e **depois** das 12 horas ou meio-dia. Observe a sequência.

11 horas → + 1 hora → 12 horas ou meio-dia → + 1 hora → 13 horas ou 1 hora da tarde

- Agora, complete indicando os horários.

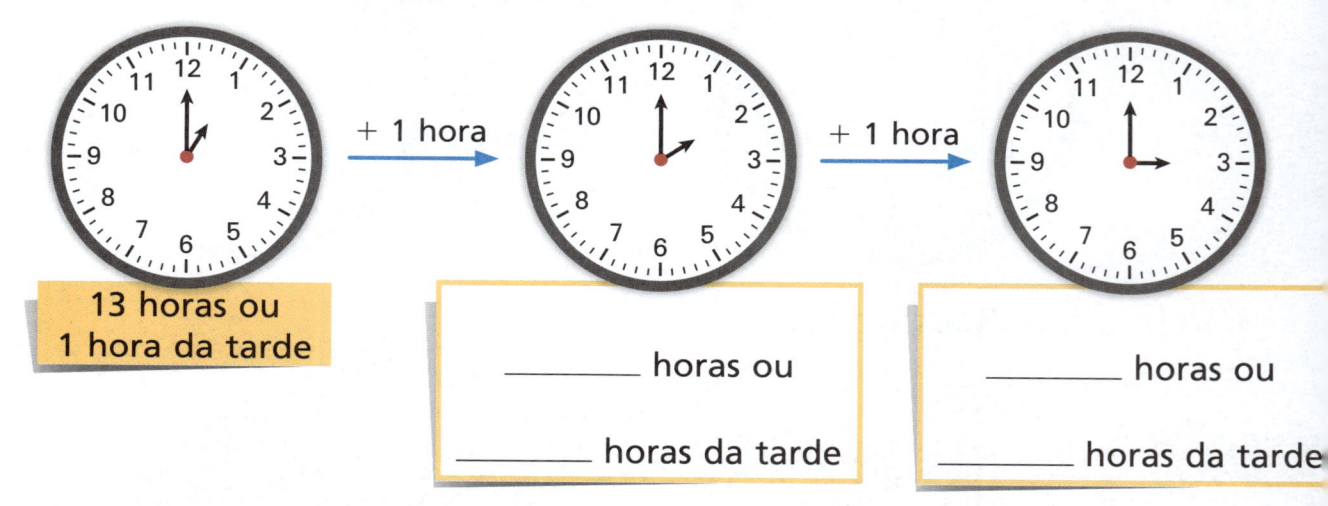

13 horas ou 1 hora da tarde → + 1 hora → _____ horas ou _____ horas da tarde → + 1 hora → _____ horas ou _____ horas da tarde

5. Observe como José organiza o dia em três períodos.

| Manhã: da 0 hora às 12 horas. | Tarde: das 12 horas às 18 horas. | Noite: das 18 horas às 24 horas. |

- Desenhe os ponteiros nos relógios de acordo com os horários indicados.

7 horas da manhã

5 horas da tarde

9 horas da noite

104 Cento e quatro

6. Daniela foi almoçar em um restaurante.

- Quantas horas o restaurante fica aberto:

   a) no domingo?

   _____ horas.

   b) na quarta-feira?

   _____ horas.

7. Para viajar de Curitiba (PR) a Natal (RN), um avião faz uma parada em Brasília (DF).

Rota do voo: Curitiba a Natal

CURITIBA SAÍDA: 13 HORAS → BRASÍLIA CHEGADA: 15 HORAS

BRASÍLIA SAÍDA: 16 HORAS → NATAL CHEGADA: 19 HORAS

Fonte: ATLAS geográfico escolar. 6. ed. Rio de Janeiro: IBGE, 2012.

- Quanto tempo durou:

   a) o voo de Curitiba a Brasília? _____

   b) a parada em Brasília? _____

   c) o voo de Brasília a Natal? _____

   d) toda a viagem? _____

Cento e cinco **105**

INTEGRANDO COM HISTÓRIA

▼ O RELÓGIO E O TEMPO

Ao longo da História, o ser humano criou diversos tipos de relógio.

1. Observando os relógios a seguir, você percebe mudanças ao longo do tempo?

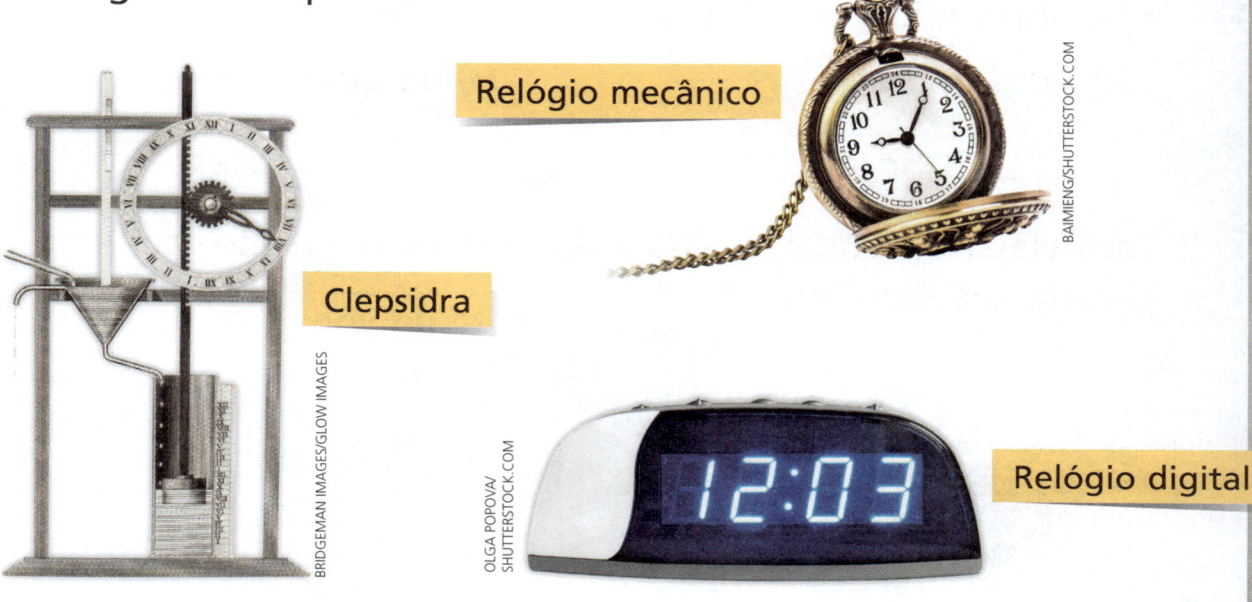

Clepsidra

Relógio mecânico

Relógio digital

- Mais recentemente, foi desenvolvido o relógio digital. Veja como ler as horas nesses relógios:

Horas

Separam as horas dos minutos

Minutos

Esse relógio, por exemplo, está indicando **16 horas** ou **4 horas da tarde**.

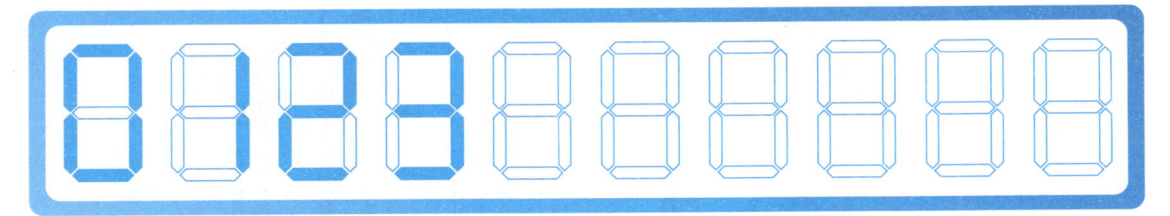

2. Você percebeu que, nos relógios digitais, os números são representados por partes de um mesmo dígito? Observe e complete a sequência de algarismos como aparecem nos relógios digitais.

| 0 | 1 | 2 | 3 | | | | | | |

3. Escreva a hora indicada nos relógios abaixo.

11:00   20:00   09:00

4. Registre as horas nos relógios de acordo com as indicações.

88:88 ← 4 horas antes   17:00   4 horas depois → 88:88

5. Registre os horários que podem estar indicados no relógio de ponteiros.

Antes do meio-dia   Depois do meio-dia

88:88   (relógio de ponteiros marcando 6 horas)   88:88

Cento e sete **107**

UM POUCO MAIS

1. Daniela e Pedro estão na farmácia com os pais e decidiram subir juntos na balança. Observe.

- Quantos quilogramas tem Daniela?

_____ kg

2. Observe as datas de início e fim de uma campanha de vacinação:

Início	Fim
15 de maio	7 de junho

- Quantos dias durou essa campanha de vacinação? _____ dias.

3. Ligue os relógios que marcam o mesmo horário.

04:00   19:00   14:00   09:00

4. Que tal um desafio? Responda à pergunta abaixo sem utilizar a régua.

> Qual linha é mais comprida: uma de 10 cm ou uma de 65 mm?
> _____

- Agora, trace essas linhas com a régua e verifique se você acertou.

5. Observe os aquários ilustrados abaixo. Eles têm a mesma capacidade, mas estão com capacidades diferentes de água.

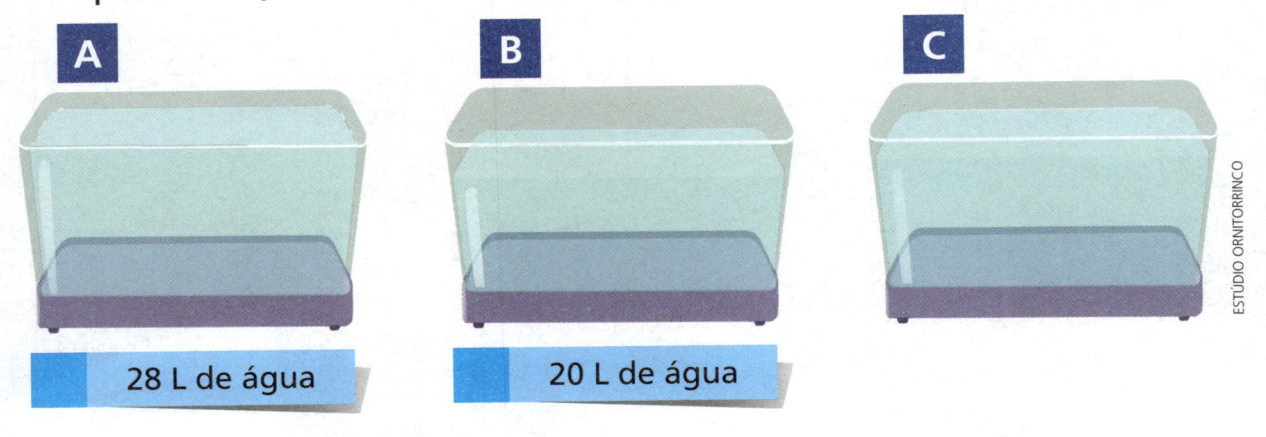

A 28 L de água

B 20 L de água

C

- Quantos litros de água pode ter o aquário **C**? Marque a resposta com um ✗.

☐ mais de 28 L e menos de 30 L

☐ mais de 15 L e menos de 20 L

☐ mais de 20 L e menos de 28 L

Cento e nove **109**

UNIDADE 4
OS NÚMEROS ATÉ 1000

BOMBONS ARTESANAIS DA MARTA

CAJÁ

10 UNIDADES

- O que Marta está fazendo nesta cena?
- O que ela tem nas mãos?
- Todos os bombons da travessa podem ser colocados na caixa? Por quê?

Cento e onze 111

OS NÚMEROS ATÉ 99

1. Marta é uma confeiteira especializada em doces feitos com frutas. Ela vende bombons embalados em caixas com 10 unidades ou 1 **dezena**. Observe.

• Escreva quantos bombons há em cada item.

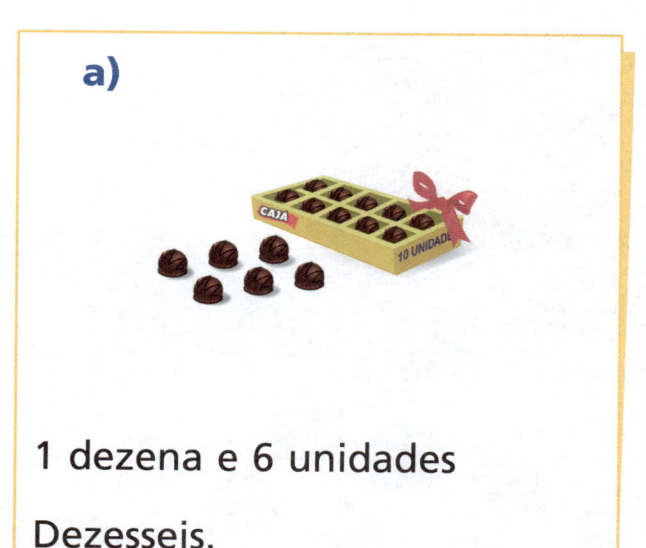

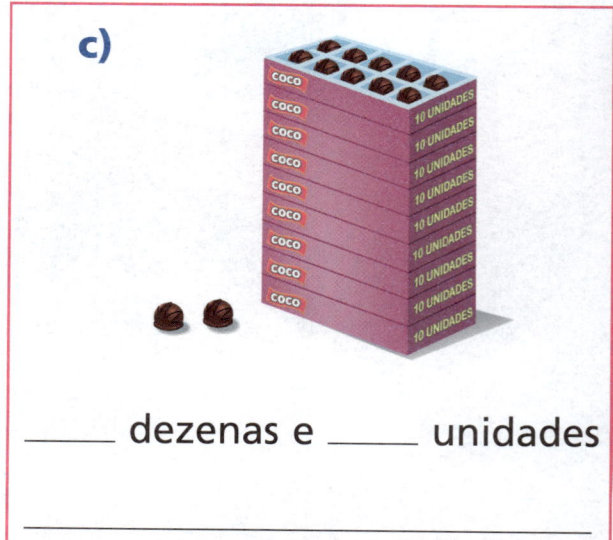

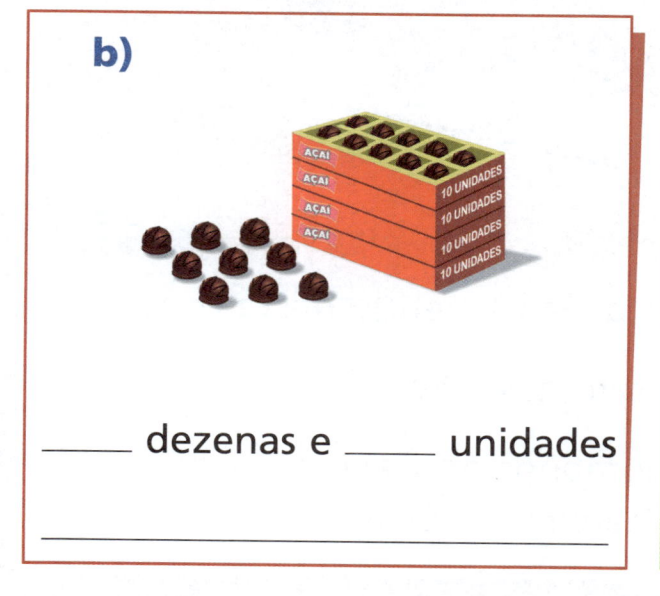

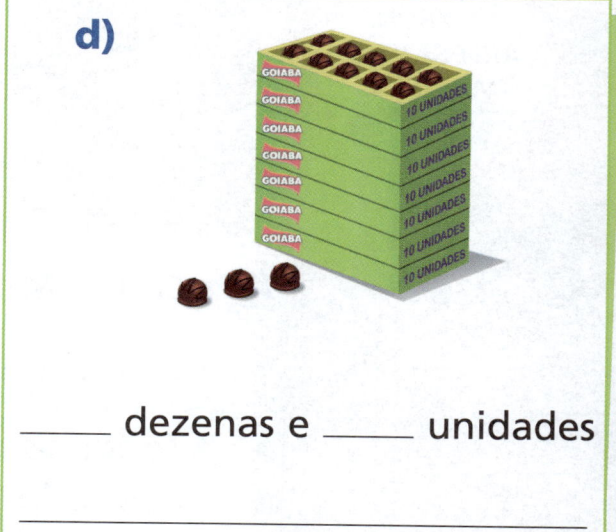

a) 1 dezena e 6 unidades
Dezesseis.

b) _____ dezenas e _____ unidades
_____

c) _____ dezenas e _____ unidades
_____

d) _____ dezenas e _____ unidades
_____

112 Cento e doze

VOCÊ LEITOR

2. Alguns pintores utilizam figuras geométricas e padrões em suas composições. Observe a imagem de uma tela do artista Luiz Sacilotto (1924-2003).

Luiz Sacilotto. **Concreção 5628**. 1956. Esmalte sobre alumínio, 60 cm × 80 cm.

a) Que padrões você consegue perceber nessa tela? Comente com os colegas.

b) Quantos ▲ aparecem na tela? _____ ▲

Explique como você resolveu o item **b**.

3. Sem contar, responda: em qual dos quadros abaixo você acha que há mais de 50 ioiôs? Marque-o com um ✗.

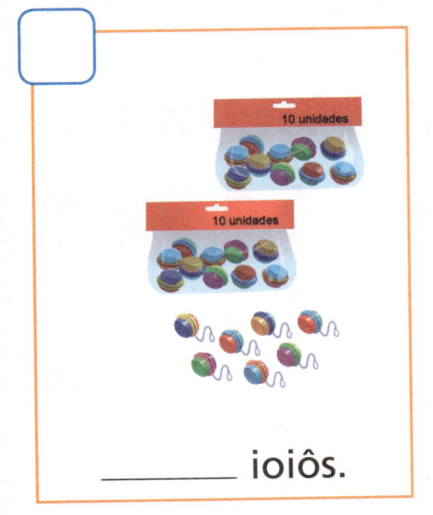

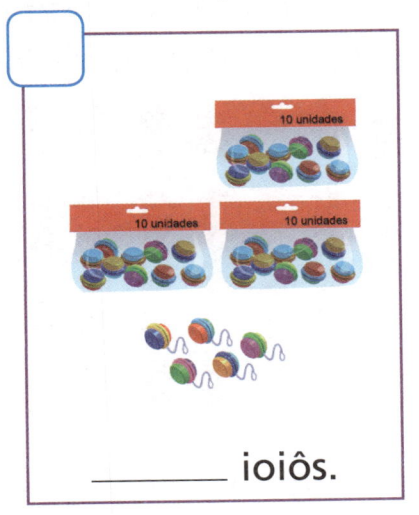

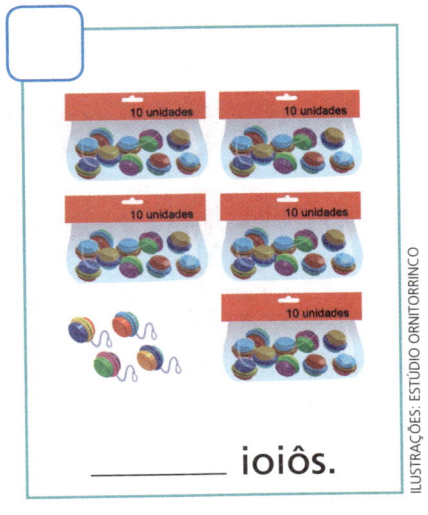

_____ ioiôs.   _____ ioiôs.   _____ ioiôs.

- Agora, conte e escreva quantos ioiôs há em cada quadro.

Cento e treze **113**

4. Usando algarismos, escreva os números que aparecem nas frases abaixo.

Faltam oitenta e seis dias para o aniversário de Antônio.

Uma viagem de navio durou setenta e oito horas.

A massa de Camila é sessenta e quatro quilogramas.

VOCÊ ESCRITOR

5. Ana pagou um serviço de pintura para seu escritório e solicitou um recibo de pagamento. Escreva a quantia em reais por extenso no recibo.

RECIBO	Nº 0002	VALOR 97 reais

Recebi(emos) de Ana Martins

a quantia de _____

correspondente a serviço de pintura . E para clareza firmo(amos) o presente.
Porto Velho , 25 de abril de 2018 . Assinatura **Ana Martins**
Nome Teresa Ribeiro   CPF/RG 152.386.758-00

6. Elisa vende picolés de groselha na praia. No sábado passado, ela levou determinada quantidade de picolés e vendeu 57.

a) Contorne a quantidade de picolés vendidos por Elisa.

b) Quantos picolés sobraram? _____ picolés.

114 Cento e quatorze

7. Uma vez por semana, Camila e seu avô se reúnem para brincar com jogos de tabuleiro. No jogo de tabuleiro desta semana, as casas são numeradas na sequência de 0 a 99. Observe e complete o tabuleiro com os números que estão faltando.

COLUNA

LINHA

0	1	2	3		5				9
10	11					16	17		
				24					
								38	
					45				
			53						
							67		
									79
	81								
90		92				96			

a) O que têm em comum os números da **coluna** em que está o 32? _____

b) O que têm em comum os números da **linha** em que está o 40? _____

c) Marque com um ✗ uma casa com um número maior que 34 e menor que 45.

JOGOS E BRINCADEIRAS

◣ DESCOBRINDO CAMINHOS

Vamos brincar?

Para este jogo, separe algo que possa servir como peão: clipe, bolinha de papel, grão de feijão ou outros.

Em cada fase, coloque o peão sobre o número inicial no tabuleiro e mova-o sobre as linhas, de acordo com as regras, até o fim.

Fase 1:
Movimente o peão sempre do número **maior** para o **menor**. O número inicial é **94** e o número final é **0**.

Fase 2:
Movimente o peão sempre do número **menor** para o **maior**. O número inicial é **10** e o número final é **99**.

Fase 3:
Movimente o peão sempre aumentando uma **dezena**. O número inicial é **2** e o número final é **72**.

Fase 4:
Movimente o peão sempre sobre os números **ímpares**. O número inicial é **3** e o número final é **45**.

Na **fase 1**, por exemplo, o peão deve ser colocado inicialmente em **94** e, depois, movido para o número seguinte. Como a regra nessa fase é movimentar o peão de um número maior para um menor, ele poderá ir apenas para **91** ou **45**, pois o outro número não serve. Os próximos movimentos do peão seguem essa mesma regra, até chegar ao **0**. Atenção: apenas alguns caminhos levam do número inicial ao número final.

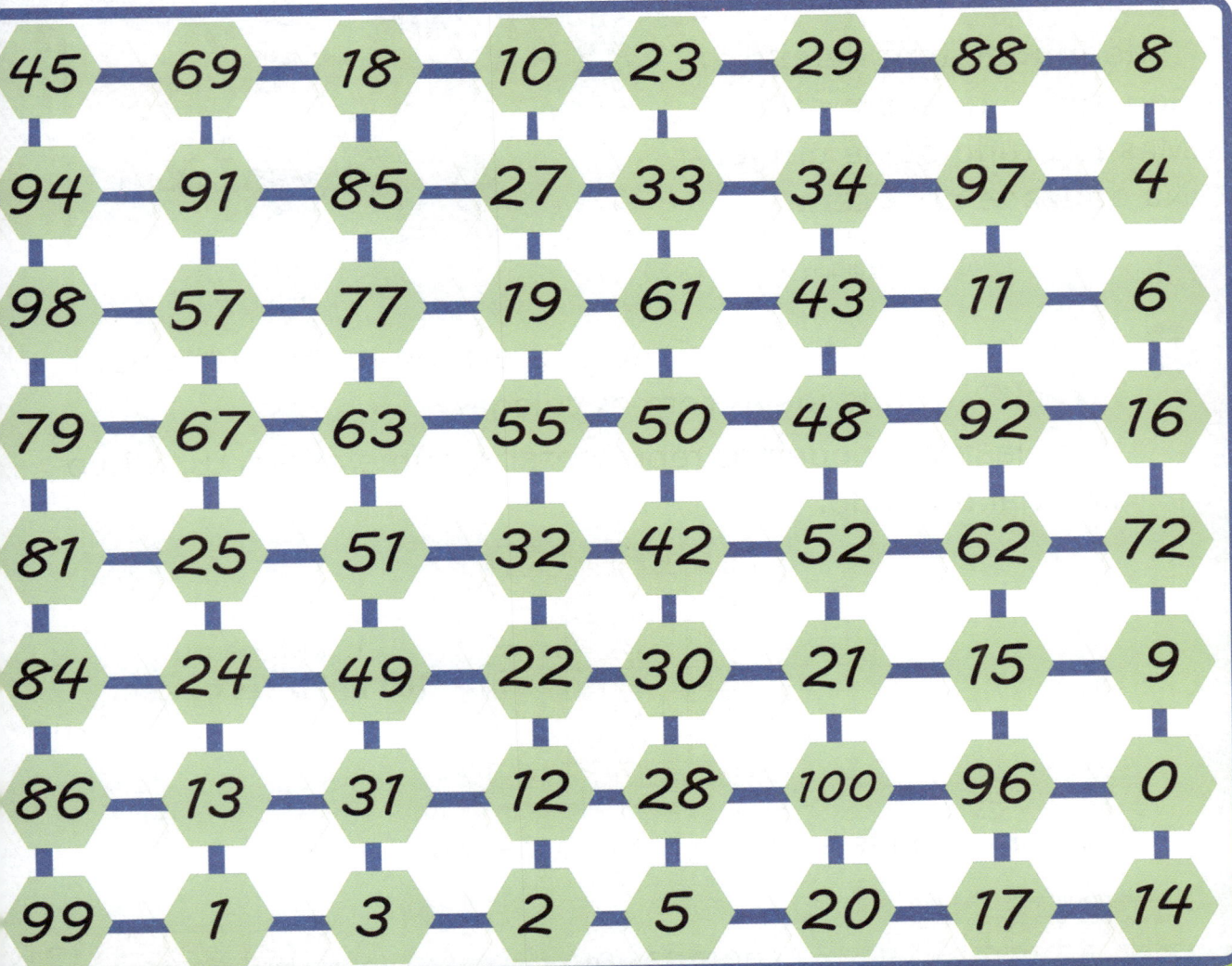

45	69	18	10	23	29	88	8
94	91	85	27	33	34	97	4
98	57	77	19	61	43	11	6
79	67	63	55	50	48	92	16
81	25	51	32	42	52	62	72
84	24	49	22	30	21	15	9
86	13	31	12	28	100	96	0
99	1	3	2	5	20	17	14

OS NÚMEROS DE 100 A 1000

1. Leia o poema a seguir.

Coisa boa

Amizade é coisa boa,
Mas que, às vezes, estremece.
Um amigo bom perdoa!
Um sorriso e ele esquece.

Todo mundo tem defeito.
Seu amigo também tem.
Mas pra tudo dá-se um jeito.
Na amizade nota **cem**.

Evelyn Heine. **Amizade**. Brasileitura. p. 3.
(Coleção Poesias para Crianças).

a) O que você acha que significa a expressão "amizade nota cem"? Troque ideias com os colegas.

Veja como podemos representar o número **cem** usando o material dourado.

1 centena ou
100 unidades ou cem

b) Agora, complete com as informações que faltam.

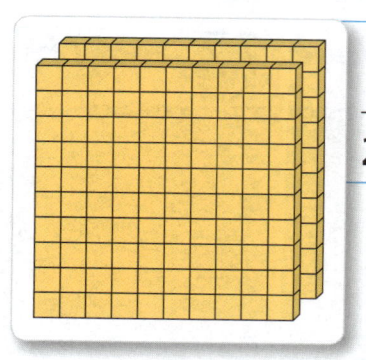

_____ centenas ou
200 unidades ou duzentos

_____ centenas ou

_____ unidades ou trezentos

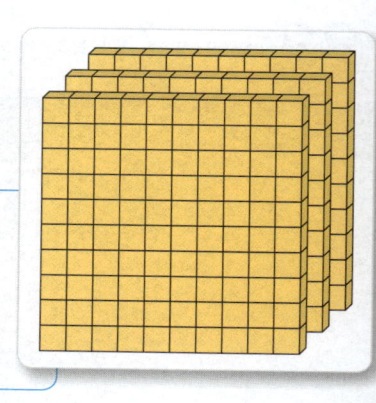

118 Cento e dezoito

2. Observe os números representados pelo material dourado e complete.

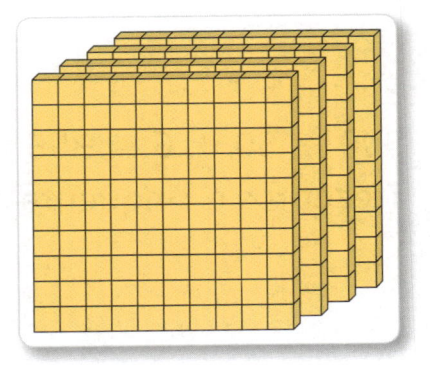

4 centenas ou _____ unidades
ou quatrocentos

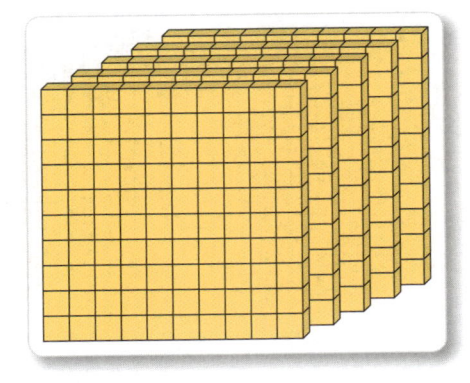

5 centenas ou _____ unidades
ou quinhentos

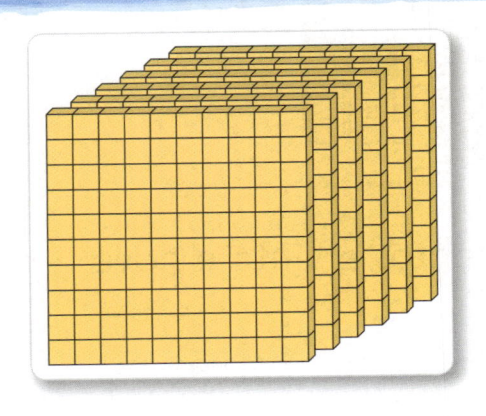

6 centenas ou _____ unidades
ou seiscentos

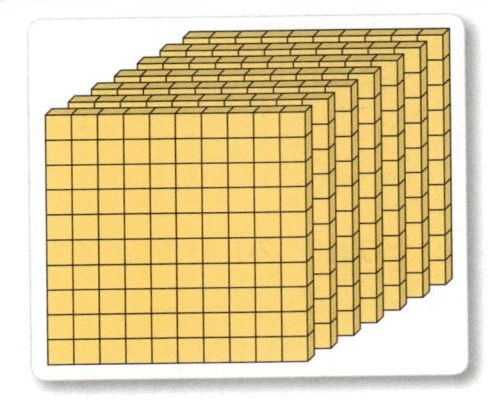

_____ centenas ou _____ unidades
ou setecentos

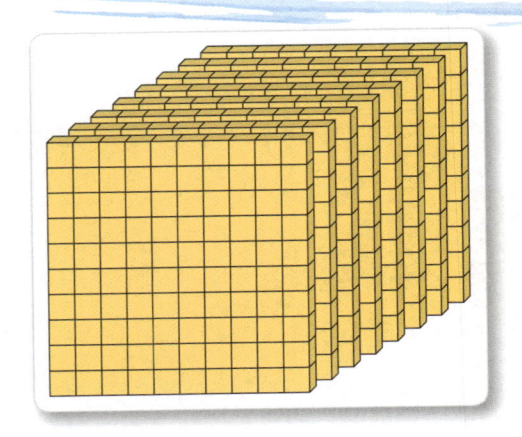

_____ centenas ou _____ unidades
ou oitocentos

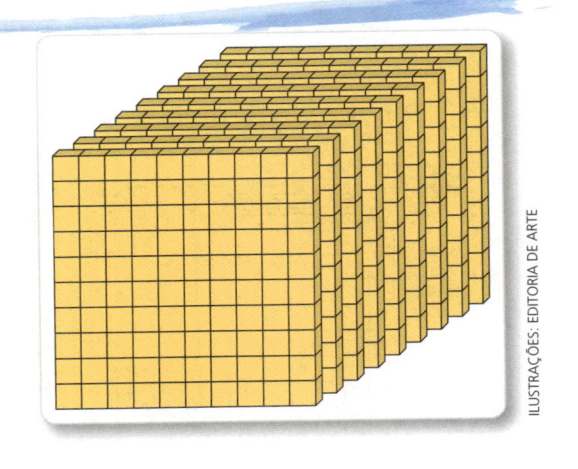

_____ centenas ou _____ unidades
ou novecentos

Cento e dezenove **119**

3. Os números abaixo estão representados pelo material dourado. Complete o texto com as informações que faltam.

a) 300 + 50 + 6 = 356
Trezentos e cinquenta e seis

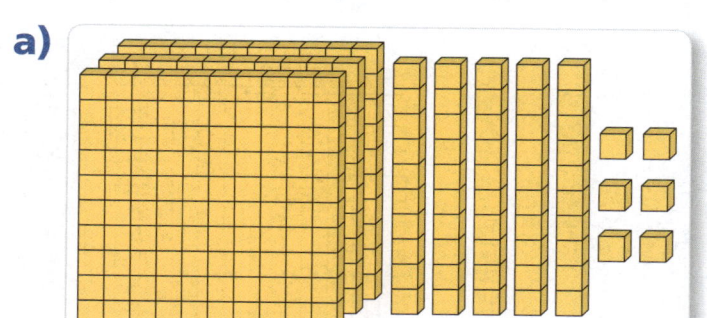

b) 800 + 20 + 9 = _____ Oitocentos e vinte e nove

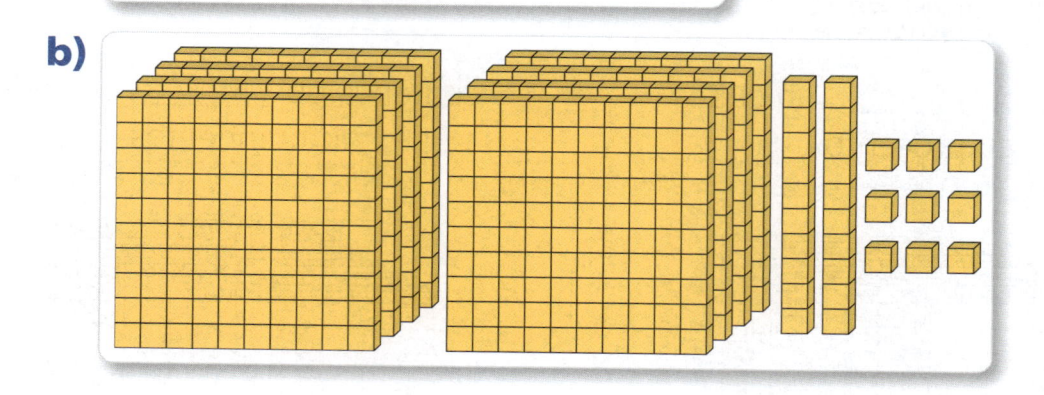

c) 100 + 70 + 5 = _____ _____

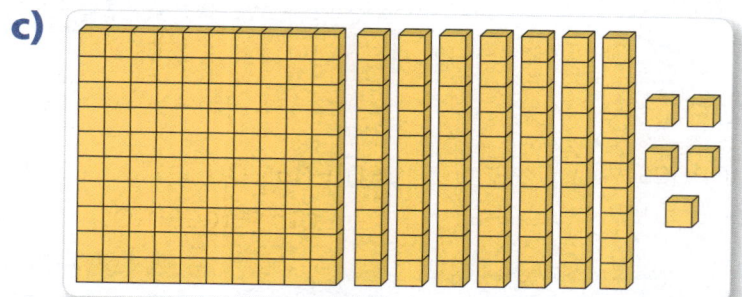

d) _____ + _____ + _____ = _____ _____

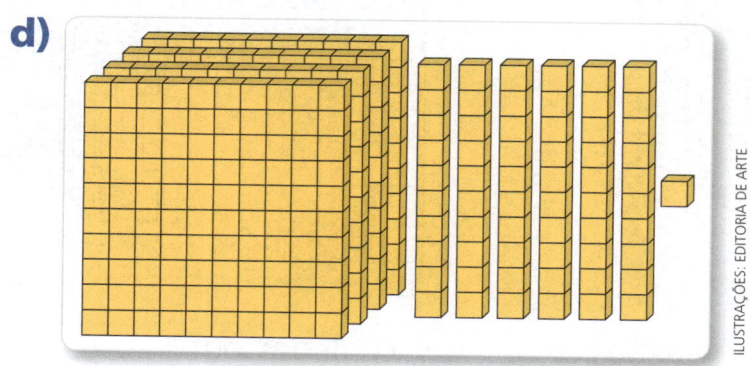

4. Minas Gerais tem **853** municípios. É o estado brasileiro com a maior quantidade de municípios.

Fonte: IBGE. **Cidades@**. 2016. Disponível em: <www.cidades.ibge.gov.br/xtras/home.php>. Acesso em: 5 set. 2017.

Veja como podemos representar o número que expressa essa quantidade de municípios no quadro de ordens:

C	D	U
8	5	3

Indica as centenas — Indica as dezenas — Indica as unidades

8 centenas, 5 dezenas e 3 unidades

800 + 50 + 3 = 853 ou oitocentos e cinquenta e três

Agora, observe a quantidade de municípios de outros estados e complete com as informações que faltam.

a) Tocantins: 139 municípios

C	D	U

1 centena, ____ dezenas e 9 unidades ou

100 + 30 + 9 = ____ ou cento e trinta e nove

b) Bahia: 417 municípios

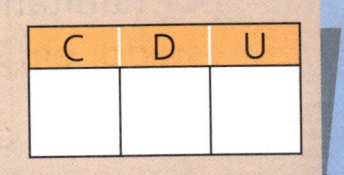

C	D	U

4 centenas, ____ dezena e ____ unidades ou

____ + 10 + 7 = ____ ou _____

Cento e vinte e um **121**

5. Complete o texto de acordo com o quadro de ordens.

C	D	U
3	2	8

- _____ unidades
- _____ dezenas ou _____ unidades
- _____ centenas ou _____ unidades
- 328 = _____ + _____ + _____

Utilizando os algarismos **3**, **2** e **8**, sem repeti-los, escreva um número em que:

a) o algarismo **2** deve representar 2 centenas.

b) o algarismo **8** deve representar 8 dezenas.

_____   _____

6. Veja o resultado de uma pesquisa sobre o consumo diário de água, por habitante, em alguns estados brasileiros, em 2013.

RONDÔNIA: Cento e oitenta e quatro litros

MARANHÃO: Duzentos e trinta e um litros

SANTA CATARINA: Cento e cinquenta e sete litros

RIO DE JANEIRO: Duzentos e cinquenta e três litros

Fonte: ÁGUA no Brasil. **Folha de S.Paulo**. Fonte original dos dados: Organização Mundial da Saúde e Sabesp. Disponível em: <www1.folha.uol.com.br/infograficos/2015/01/118521-agua-no-brasil.shtml>. Acesso em: 26 abr. 2017.

a) Escreva ao lado o número que indica a quantidade de água consumida diariamente, por habitante, em cada estado, em 2013.

b) Reúnam-se em duplas para pesquisar formas de economizar água. Depois, contem para a turma o que vocês descobriram.

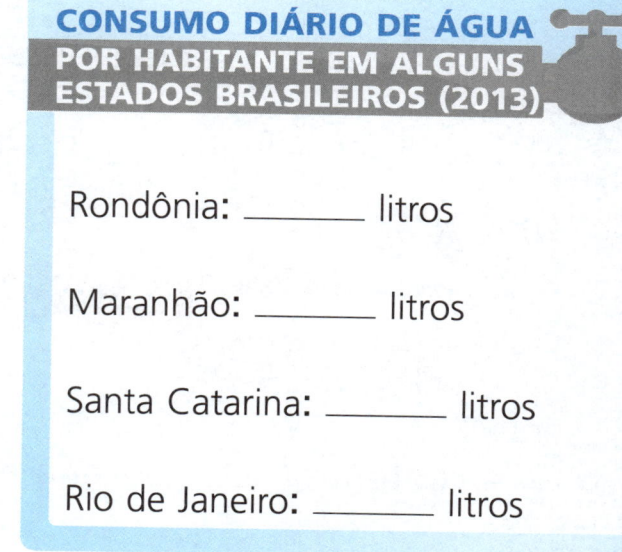

CONSUMO DIÁRIO DE ÁGUA POR HABITANTE EM ALGUNS ESTADOS BRASILEIROS (2013)

Rondônia: _____ litros

Maranhão: _____ litros

Santa Catarina: _____ litros

Rio de Janeiro: _____ litros

7. Felipe representou os números da ficha por meio de pontos na reta numérica. Escreva o número correspondente a cada ponto nos quadrinhos correspondentes.

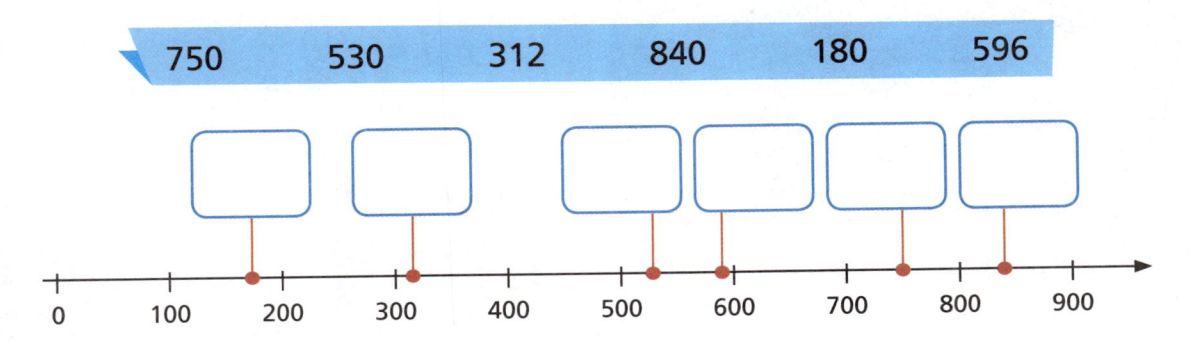

750   530   312   840   180   596

8. Joice vai assistir a um jogo de basquete no ginásio de esportes. Ela comprou o ingresso para a cadeira de número **399**. Ajude-a a encontrar seu lugar completando a numeração das cadeiras, que estão apagadas. Pinte aquela que Joice procura.

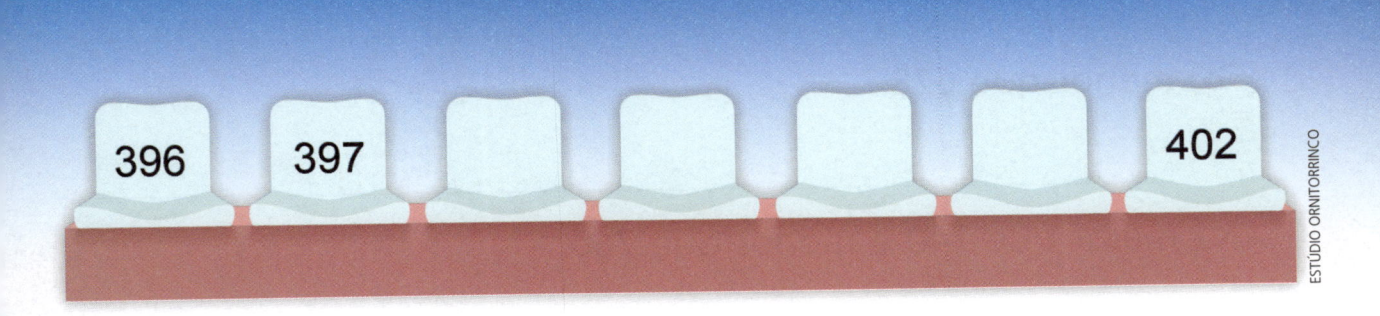

396   397   402

9. Você sabe como classificar um número em **par** ou **ímpar** observando o algarismo das unidades? Converse com os colegas.

• Pinte de verde os números pares e de azul, os ímpares.

123   219   340   637   86
   421   732   558   93   865

Cento e vinte e três **123**

10. O diretor da escola em que Pedro estuda vai comprar uma lixeira de coleta seletiva. Veja o preço em três lojas.

Loja A: 352 reais

Loja B: 429 reais

Loja C: 398 reais

• Contorne o menor preço da lixeira e marque com um ✗ o maior preço.

11. Escreva um número:

a) maior que 236.

_____

b) menor que 628.

_____

c) maior que 740 e menor que 760.

_____

12. Gilmar foi ao mercado comprar queijo em fatias. Ele pretende comprar no mínimo 350 g e no máximo 500 g. Observe as opções que ele tem e marque com um ✗ a bandeja que ele pode escolher.

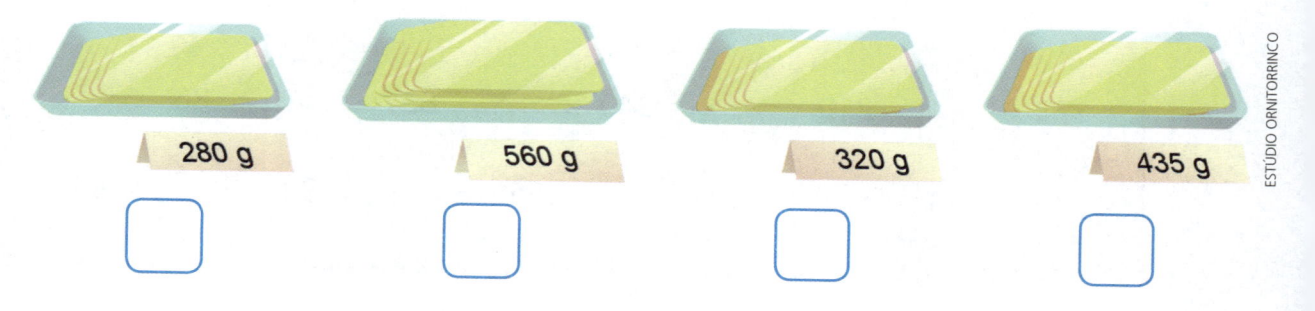

280 g   560 g   320 g   435 g

124 Cento e vinte e quatro

13. Pelé foi um dos maiores jogadores de futebol do mundo. No dia 19 de novembro de 1969, ele entrou em campo com 999 gols na carreira. Nesse jogo, Pelé marcou mais um gol, o de número **1 mil**.

O brasileiro Edson Arantes do Nascimento, o Pelé, marca seu milésimo gol na partida entre Vasco da Gama e Santos, no Maracanã.

999 + 1 = 1 000
         um mil/

Veja como podemos representar o número **1000** usando o ábaco e o material dourado.

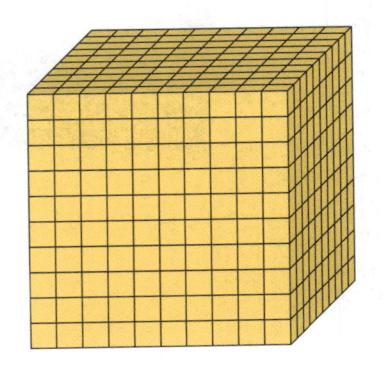

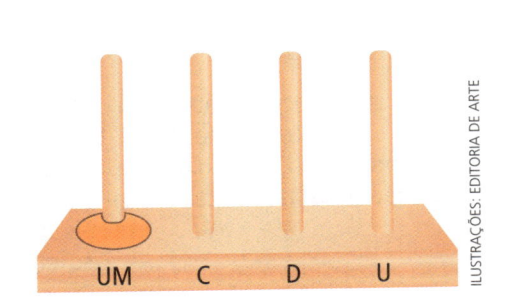

Agora, observe as igualdades e complete cada sentença matemática com o que falta.

a) 999 + _____ = 1 000

b) 900 + _____ = 1 000

c) 990 + _____ = 1 000

Cento e vinte e cinco **125**

INTEGRANDO COM CIÊNCIAS

Leia a notícia a seguir.

Ararinha-azul, considerada extinta na natureza, é avistada na Bahia

Espécie que inspirou o filme Rio estava desaparecida da natureza desde o ano 2000

Uma boa notícia para os amantes dos pássaros. A ararinha-azul (*Cyanopsitta spixii*), uma das espécies mais raras do Brasil, foi avistada [...] em Curaçá, Bahia.

A ararinha-azul é classificada como extinta na natureza. [...] Há, hoje, pouco mais de 100 indivíduos em cativeiro. Pesquisadores e biólogos estão cuidando desses indivíduos para, no futuro, reintroduzir a espécie na natureza. [...]

Bruno Calixto. Ararinha-azul, considerada extinta na natureza, é avistada na Bahia. **Época**. Disponível em: <http://epoca.globo.com/colunas-e-blogs/blog-do-planeta/noticia/2016/06/ararinha-azul-considerada-extinta-na-natureza-e-avistada-na-bahia.html>. Acesso em: 11 abr. 2017.

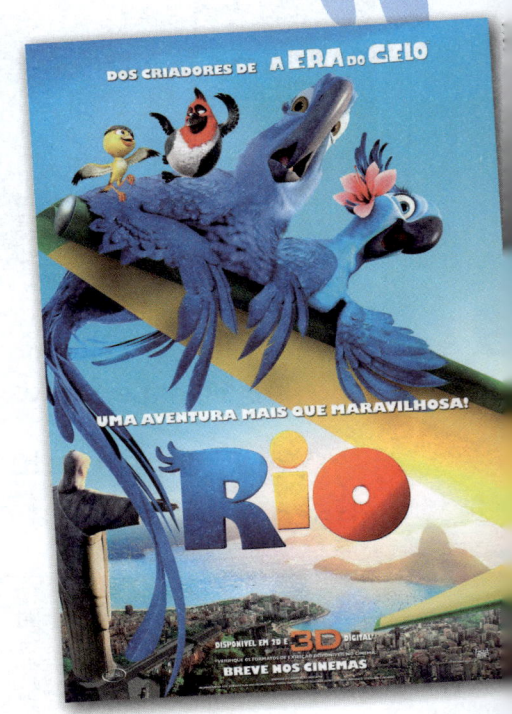

1. Você já assistiu ao filme **Rio**, citado no texto? Que relação esse filme tem com a ararinha-azul?

2. Cite algumas características que descrevem a ararinha-azul.

3. Uma ararinha-azul pode ter mais de 1 m de comprimento?

_____

_____

Ararinha-azul (adulta)

Massa: 296 g a 400 g

Comprimento: 55 cm a 57 cm

4. Indique, no quadro de ordens, quantos gramas pode ter uma ararinha-azul adulta.

C	D	U

Cento e vinte e sete

UM POUCO MAIS

1. Em uma competição de judô, os atletas da categoria meio-médio devem ter mais de 48 kg e menos de 53 kg.

Marque com um ✗ quem pode participar dessa competição nessa categoria.

50 kg

45 kg

54 kg

49 kg

• Gílson tem 60 kg e quer participar dessa competição na categoria meio-médio. Ele teria de aumentar ou diminuir sua massa? _____

2. O professor escreveu uma sequência de números na lousa. Complete essa sequência com os números que foram apagados.

0	50	100	150
200		300	350
	450		550

128 Cento e vinte e oito

3. No corpo humano, há diversos músculos e ossos. Para caminharmos, por exemplo, muitos músculos e ossos são movimentados ao mesmo tempo.

Rafaela representou, usando o material dourado, a quantidade de músculos e ossos que há no corpo humano de um adulto.

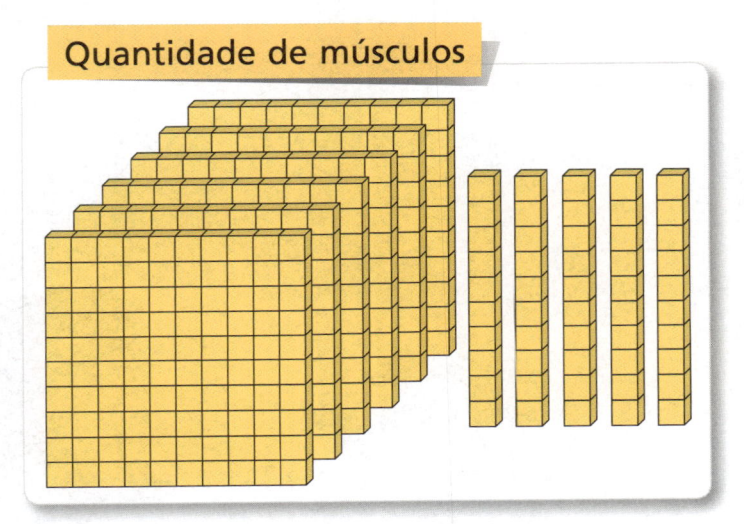

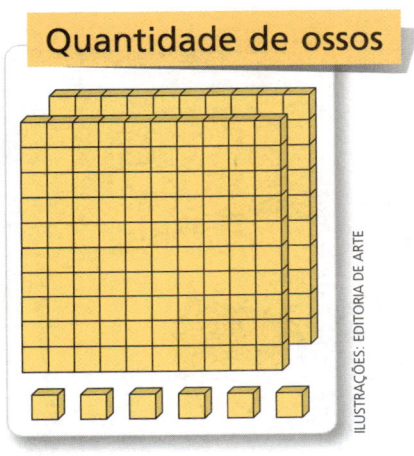

Quantidade de músculos

Quantidade de ossos

a) Escreva, com algarismos e por extenso, o número que representa a quantidade de músculos e ossos que um ser humano adulto tem no corpo.

• Músculos: _____

• Ossos: _____

b) No corpo, o que há em maior quantidade: músculos ou ossos? _____

4. Represente, no ábaco, um número que seja maior que 375 e menor que 402.

Cento e vinte e nove **129**

UNIDADE 5
ADIÇÃO E SUBTRAÇÃO COM NÚMEROS ATÉ 1000

- O que está sendo retratado na cena?
- Com qual dos brinquedos que aparecem na cena você já brincou?
- Explique como você faria para calcular quanto custam juntos uma peteca e um pião.

Cento e trinta e um **131**

ADIÇÃO

1. Felipe e seu pai estão em uma feira de artesanato. Felipe está precisando de dois brinquedos para uma atividade escolar.

Quanto vou gastar se comprar um pião e um bilboquê?

12 reais

14 reais

- Podemos calcular o valor total que Felipe vai gastar com diferentes maneiras de realizar uma adição. Observe.

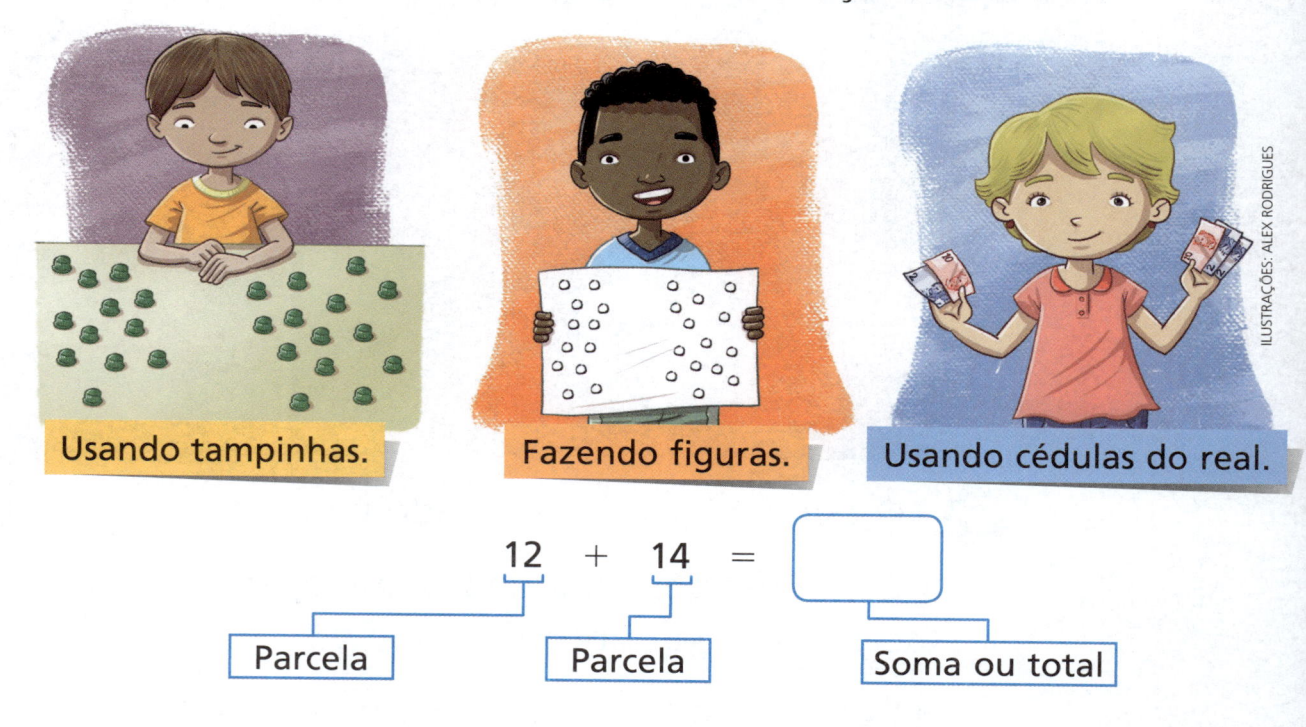

Usando tampinhas.   Fazendo figuras.   Usando cédulas do real.

$$12 + 14 = $$

Parcela   Parcela   Soma ou total

Felipe vai gastar _____ reais se comprar um pião e um bilboquê.

132 Cento e trinta e dois

2. Felipe tinha 13 reais e seu pai lhe deu a quantia indicada abaixo. Com quanto Felipe ficou?

As cédulas não estão em tamanho real.

a) Podemos resolver esse problema de duas maneiras:

- Com o material dourado.

    Representamos o número 13, depois representamos o número 15. Juntamos as peças para representar o total.

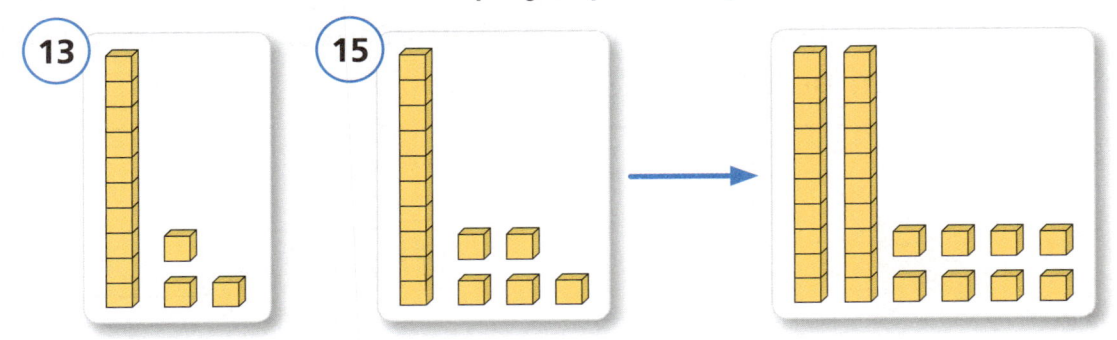

- Com o ábaco.

    Representamos o número 13 e depois colocamos as argolas referentes ao número 15. Contamos as argolas das dezenas e das unidades.

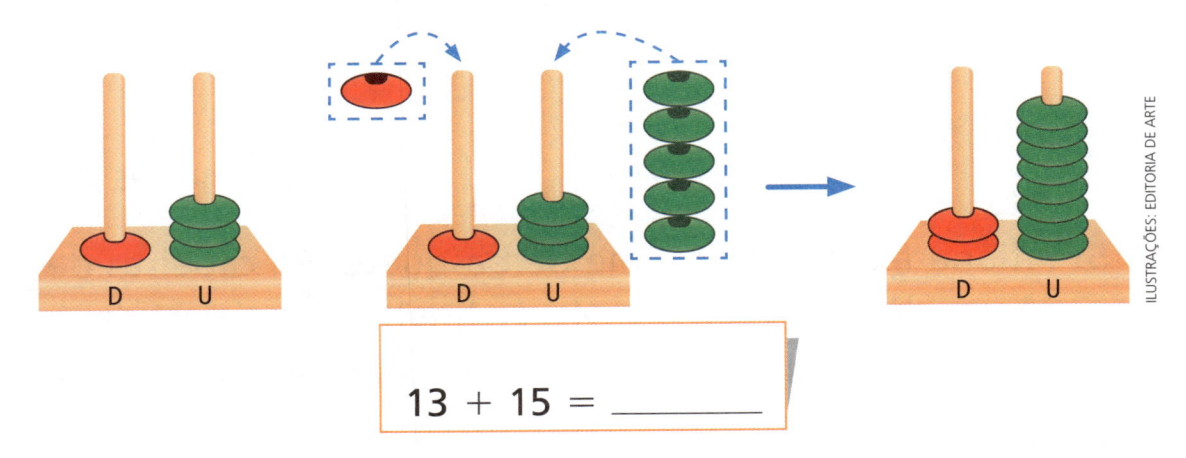

$$13 + 15 = _____$$

Felipe ficou com _____ reais.

b) Felipe pode comprar o pião e o bilboquê com essa quantia?

3. Leia a tirinha.

Ziraldo. Menino maluquinho.

- Na brincadeira de futebol misto da turma do 2º ano de uma escola, havia 8 meninos e 10 meninas. Quantas crianças estavam nesse jogo?

_____ crianças.

4. Para o projeto de Educação Ambiental de uma escola, os alunos plantaram 12 mudas de árvore em um parque.
Já havia 33 mudas plantadas. Quantas mudas de árvore há nesse parque?

_____ mudas de árvore.

5. Tatiana faz parte do time de basquete em cadeiras de rodas de um clube. Observe o placar final de uma partida.

- Ao todo, quantos pontos foram feitos nessa partida?

PLACAR
CASA 24 TEMPO 00:00 VISITANTE 35

_____ pontos.

134 Cento e trinta e quatro

6. O coral da escola de Lucas ensaia a cada dois sábados. O último ensaio foi no dia 13. Em que dia do mês será o próximo ensaio?

Dia _____.

7. Clarice preparou 1 L de suco de manga. Ela observou as marcações na jarra e viu que 1 L corresponde a 1000 mL.

Observe a pergunta de Clarice e responda.

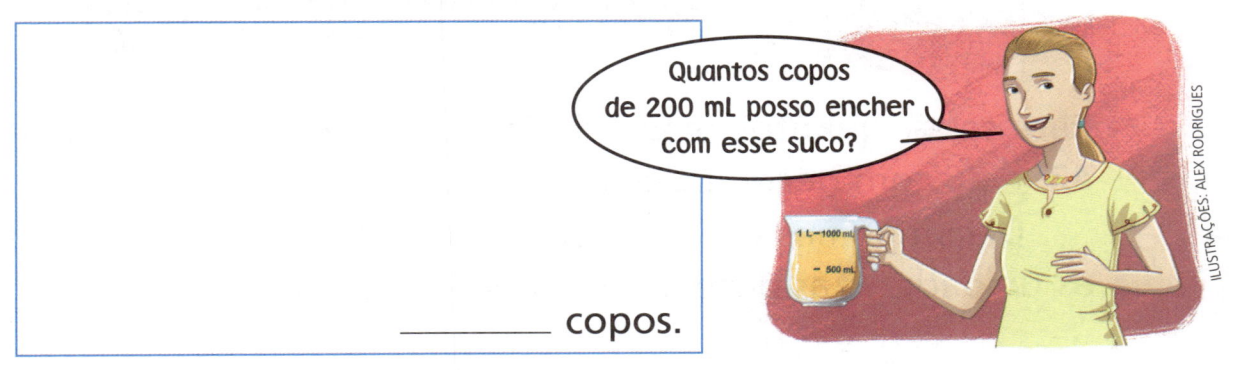

Quantos copos de 200 mL posso encher com esse suco?

_____ copos.

8. Antônio tem de comprar 1 kg de castanhas-de-caju. Na feira, os pacotes de castanha são vendidos em gramas, e Antônio sabe que 1 kg correspondente a 1000 g.

Observe os pacotes de castanha disponíveis na banca da feira e contorne aqueles que Antônio pode comprar para obter exatamente a quantidade que deseja.

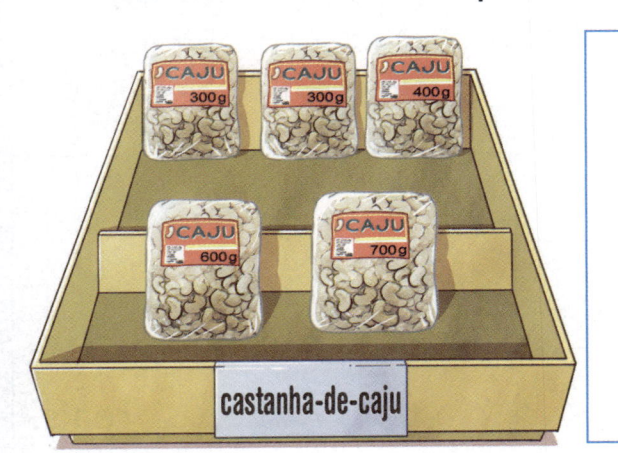

OUTRAS ESTRATÉGIAS PARA RESOLVER ADIÇÕES

1. Letícia está na feira do livro que sua escola promove todos os anos.

Por favor, quero comprar estes dois livros.

- Para saber quantos reais Letícia vai gastar, pode-se calcular **43 + 26** com decomposição.

  Decompomos cada um dos números e depois adicionamos as unidades e as dezenas. Observe e complete.

  43 → 40 + 3
  26 → 20 + 6
  _____
       60 + 9

  Letícia vai gastar _____ reais na compra dos livros.

- Calcule quanto Letícia gastaria em cada compra abaixo.

  a) 52 reais e 36 reais

  _____ reais.

  b) 31 reais e 68 reais

  _____ reais.

2. Veja como Diego efetuou a adição **38 + 9**.

> 38 + 9
> 38 + 10 = 48 e 48 − 1 = 47
> Portanto, 38 + 9 = 47.

Tinha de calcular 38 + 9. Para facilitar, fiz 38 + 10 e, depois, subtraí 1 do resultado.

- Agora, calcule mentalmente cada adição.

a) 45 + 9 = _____

b) 69 + 9 = _____

c) 87 + 9 = _____

d) 74 + 9 = _____

e) 21 + 19 = _____

f) 33 + 29 = _____

3. Observe os três recipientes abaixo, que contêm certa quantidade de líquido.

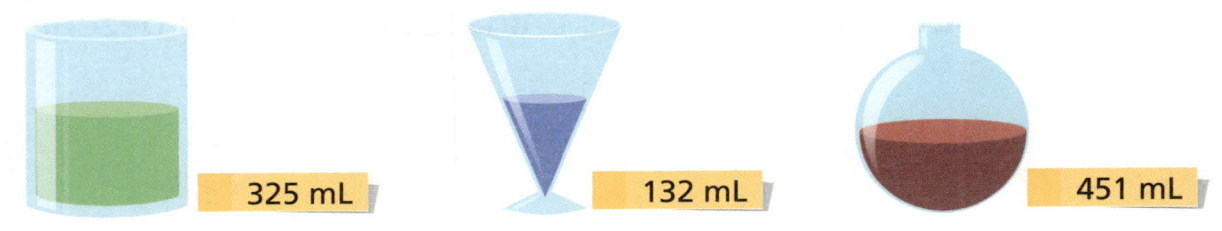

325 mL   132 mL   451 mL

Calcule a quantidade de líquido, em mililitros, que os recipientes indicados têm ao todo.

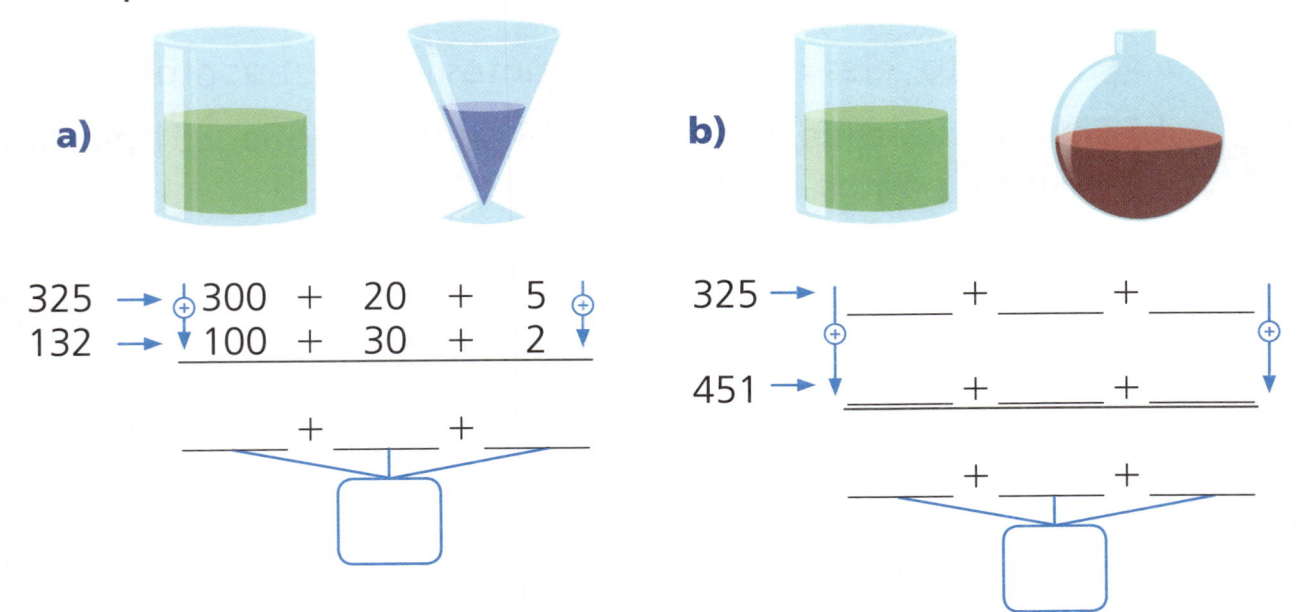

a)

325 → 300 + 20 + 5
132 → 100 + 30 + 2

___ + ___ + ___

b)

325 → ___ + ___ + ___
451 → ___ + ___ + ___

___ + ___ + ___

Cento e trinta e sete **137**

4. Sofia e Carlos estão jogando *video game*. No jogo, eles formam uma dupla e seus pontos são adicionados no fim.

Observe a pontuação de cada um deles em uma partida.

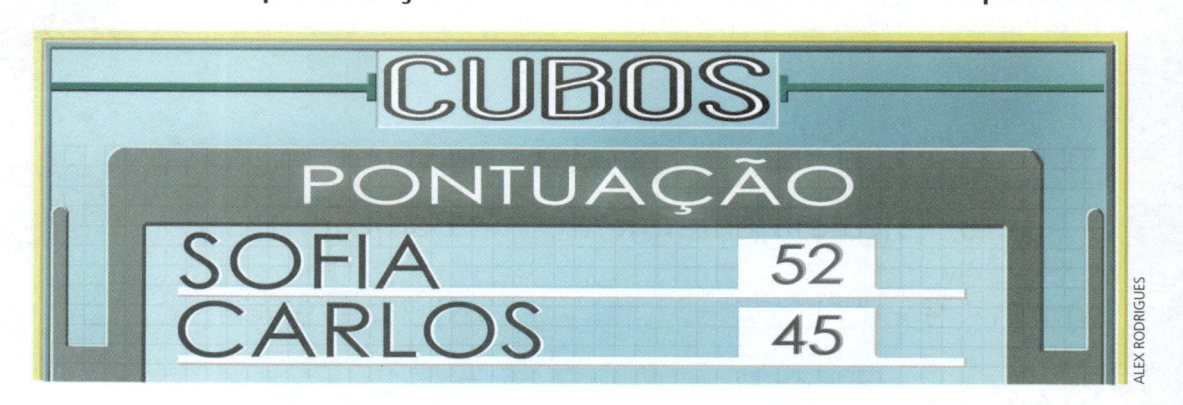

CUBOS

PONTUAÇÃO

SOFIA — 52
CARLOS — 45

a) Para obter o total de pontos, podemos resolver a adição **52 + 45** do seguinte modo:

- colocamos um número embaixo do outro de acordo com o quadro de ordens.
- adicionamos primeiro as unidades e depois as dezenas.

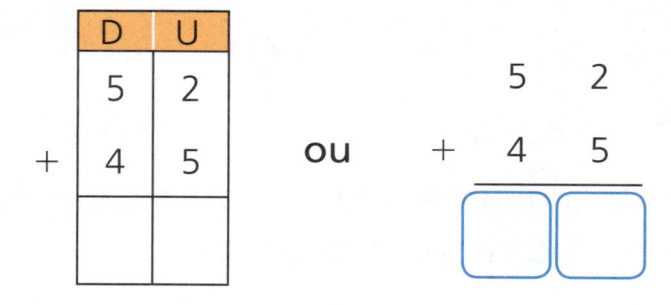

D	U
5	2
+ 4	5

ou

```
    5  2
 +  4  5
 _____
  □  □
```

Portanto, eles conseguiram juntos _____ pontos.

b) Em outra partida, Carlos fez 236 pontos e Sofia, 351 pontos. Quantos pontos eles fizeram ao todo?

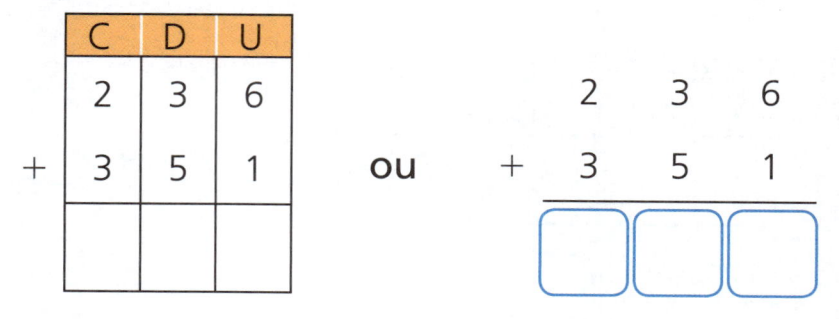

C	D	U
2	3	6
+ 3	5	1

ou

```
    2  3  6
 +  3  5  1
 _____
  □  □  □
```

Portanto, eles fizeram, ao todo, _____ pontos.

5. As turmas de 1º, 2º e 3º anos de uma escola fizeram um trabalho de coleta seletiva. Elas conseguiram arrecadar uma grande quantidade de latas de alumínio. Observe.

1º ANO	2º ANO	3º ANO
Turma A: 93 latas	Turma A: 112 latas	Turma A: 120 latas
Turma B: 103 latas	Turma B: 87 latas	Turma B: 100 latas

a) Qual turma do 1º ano arrecadou mais latas? Turma _____.

b) Ao todo, quantas latas arrecadaram as turmas de cada ano?

- 1º ano: _____ latas.
- 2º ano: _____ latas.
- 3º ano: _____ latas.

c) As turmas de qual ano arrecadaram mais latas? Marque com um ✗.

☐ 1º ano ☐ 2º ano ☐ 3º ano

6. Em uma brincadeira, Heloísa e Mateus colocaram fichas numeradas em uma caixa. Cada um deve tirar 3 fichas e adicionar os pontos indicados. Vence quem obtiver a maior pontuação.

Observe as fichas que cada um tirou na primeira jogada.

Heloísa

㉜ ⑭ (51)

Mateus

㉓ ㊶ ⑮

ILUSTRAÇÕES: ESTÚDIO ORNITORRINCO

a) Podemos calcular as pontuações que eles obtiveram de diferentes maneiras. Complete com o que falta.

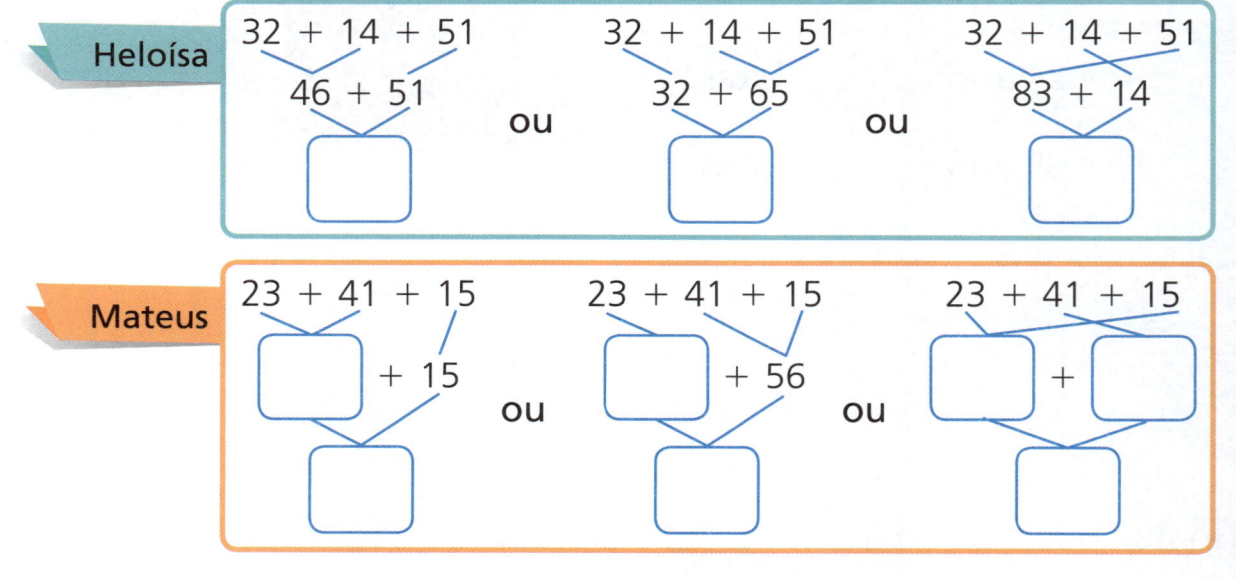

Heloísa

32 + 14 + 51 → 46 + 51 → ☐ ou 32 + 14 + 51 → 32 + 65 → ☐ ou 32 + 14 + 51 → 83 + 14 → ☐

Mateus

23 + 41 + 15 → ☐ + 15 → ☐ ou 23 + 41 + 15 → ☐ + 56 → ☐ ou 23 + 41 + 15 → ☐ + ☐ → ☐

• Quem venceu essa partida? ______________________

b) Agora, da maneira que preferir, calcule a pontuação de Heloísa em outra jogada.

㉝ ⑪ ㉕

_______ pontos.

7. A professora Silmara pediu a seus alunos que calculassem 12 + 26 + 61. Bruna, Nílton e Samuel chegaram ao resultado correto, mas de diferentes maneiras. Observe.

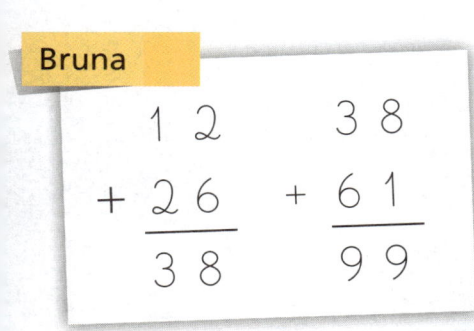

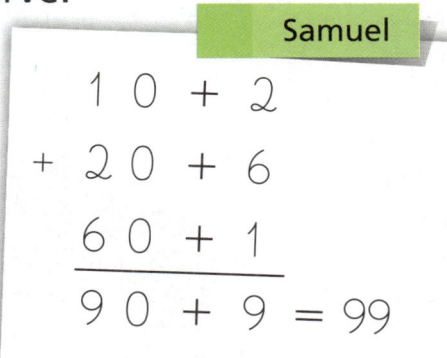

Bruna

```
  1 2        3 8
+ 2 6      + 6 1
─────      ─────
  3 8        9 9
```

Nílton

```
  1 2
+ 2 6
  6 1
─────
  9 9
```

Samuel

```
  1 0 + 2
+ 2 0 + 6
  6 0 + 1
─────────
  9 0 + 9 = 99
```

- Qual dessas maneiras de resolver essa adição você prefere?
- Agora, resolva cada adição abaixo de duas maneiras.

a) 25 + 32 + 11

b) 142 + 223 + 531

8. Veja a sequência de teclas que Fabiana apertou para resolver 24 + 173 + 44 em uma calculadora.

[2] [4] [+] [1] [7] [3] [+] [4] [4] [=] → 241

- Utilizando uma calculadora, resolva as adições a seguir.

a) 34 + 13 + 51 = _____

b) 149 + 420 + 325 = _____

Cento e quarenta e um **141**

JOGOS E BRINCADEIRAS

JOGO DAS ARGOLAS

Vamos brincar de lançar argolas?

MATERIAL

- 5 garrafas PET
- Tesoura com pontas arredondadas
- Fita adesiva
- Fichas numeradas
- Folhas de jornal

COMO JOGAR

1 Reúnam-se em grupos de quatro alunos.

2 Com a fita adesiva, colem cada ficha entregue pelo professor em uma garrafa PET.

3 Confeccionem argolas utilizando jornais e fita adesiva.

4 Organizem as garrafas e façam uma marca no chão de onde as argolas devem ser lançadas. Coloquem um pouco de água nas garrafas para elas não caírem.

5 Estabeleçam a ordem dos alunos. Cada um lança três argolas, uma de cada vez, tentando encaixá-las nas garrafas.

6 Cada aluno calcula sua pontuação adicionando os valores afixados nas garrafas em que conseguiu encaixar as argolas.

7 Vence aquele que obtiver a maior pontuação.

SUBTRAÇÃO

1. Leia o texto com o professor e os colegas.

> Para os piqueniques divertidos, duas coisas não podem faltar: a companhia de bons amigos e frutas para saborear.
>
> Texto do autor.

- Os alunos do 2º ano de uma escola decidiram fazer um piquenique. Eles levaram alguns lanches e 19 frutas. Na hora de ir embora, eles viram que sobraram 6 frutas. Quantas frutas os alunos dessa turma consumiram no piquenique?

Podemos determinar a quantidade de frutas consumidas com diferentes maneiras de realizar uma **subtração**. Observe.

Usando tampinhas.

Fazendo figuras.

19 − 6 = ☐

Minuendo   Subtraendo   Diferença ou resto

Foram consumidas _____ frutas.

144 Cento e quarenta e quatro

2. Sabrina gosta muito de montar quebra-cabeças. Ela já montou 11 peças do quebra-cabeça abaixo. Quantas peças faltam para ela montar?

Observe duas maneiras de resolver esse problema.

- Com o material dourado.

Representamos o número 32, depois retiramos as barras e os cubinhos referentes ao número 11. Contamos as barras e os cubinhos que sobraram.

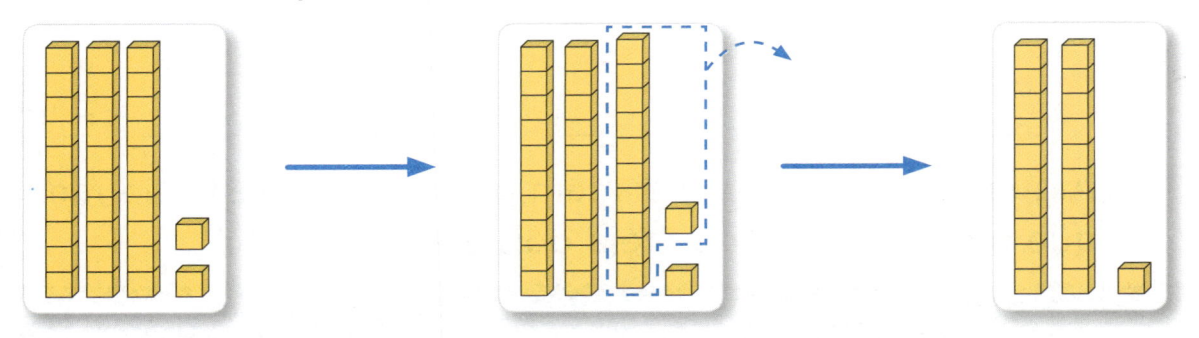

- Com o ábaco.

Representamos o número 32, depois retiramos as argolas referentes ao número 11. Contamos as argolas das dezenas e das unidades.

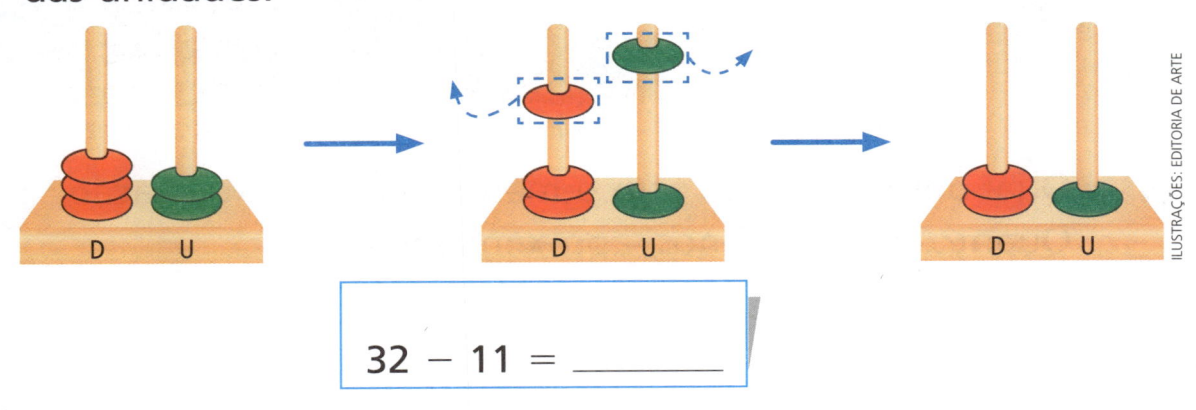

32 − 11 = _____

Faltam _____ peças do quebra-cabeça para Sabrina montar.

3. Eduardo adora ler e sempre pega livros emprestados na biblioteca da escola. Faz dois dias que Eduardo começou a ler um livro.

> No sábado, eu li até a página 26. No domingo, até a 48.

a) Você costuma pegar livros emprestados da biblioteca? Com que frequência?

b) Quantas páginas Eduardo leu no domingo?

_____ páginas.

4. Algumas espécies animais têm o tempo de gestação menor que o do ser humano. Veja dois exemplos.

Tempo aproximado de gestação

Quati: 70 dias.

Onça-parda: 98 dias.

Fonte: ZOOLÓGICO de São Paulo. Disponível em: <www.zoologico.com.br/>. Acesso em: 23 jan. 2017.

- Qual desses animais tem o menor tempo de gestação? Quantos dias a menos, aproximadamente?

146 Cento e quarenta e seis

5. Sueli calculou o valor aproximado de **68 − 42**, ou seja, obteve um resultado próximo do exato. Para isso, ela fez arredondamentos para a dezena inteira mais próxima. Observe.

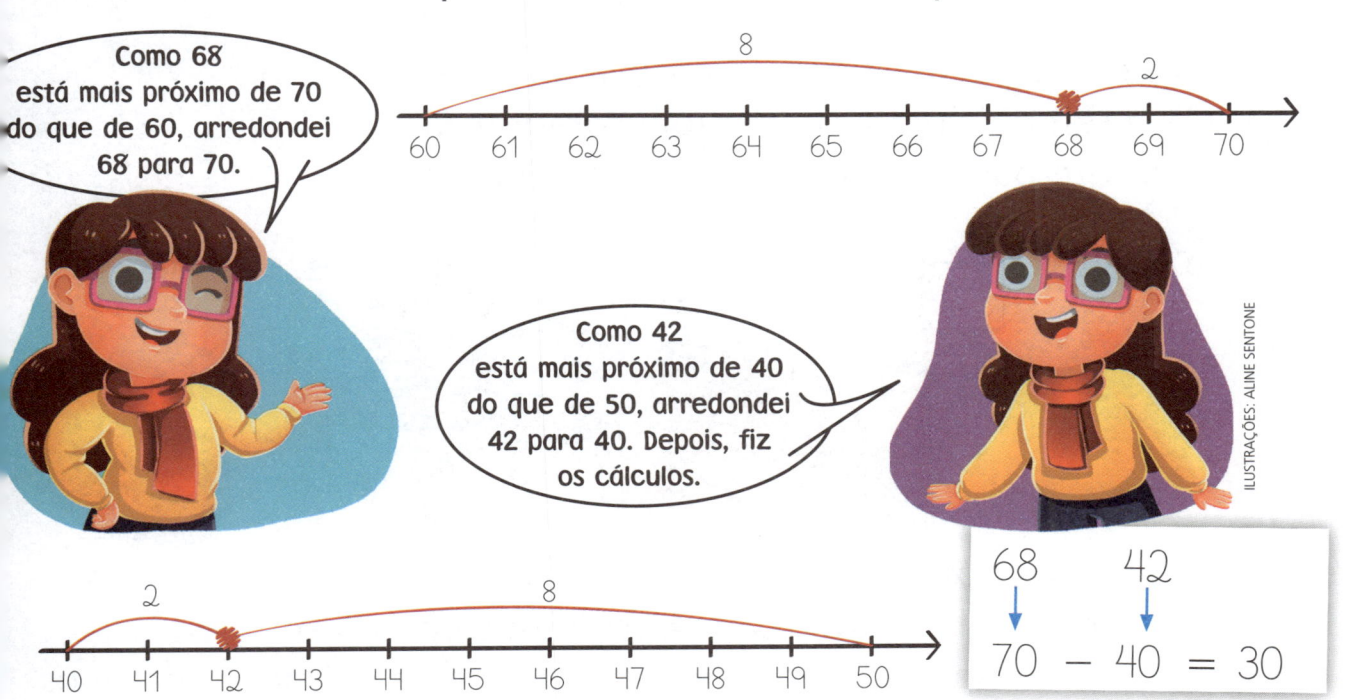

Como 68 está mais próximo de 70 do que de 60, arredondei 68 para 70.

Como 42 está mais próximo de 40 do que de 50, arredondei 42 para 40. Depois, fiz os cálculos.

68 → 70
42 → 40
70 − 40 = 30

- De maneira semelhante, calcule o valor aproximado dos itens a seguir.

   a) 54 − 29

   ☐ − ☐ = ☐

   b) 76 − 34

   ☐ − ☐ = ☐

   c) 61 + 26

   ☐ + ☐ = ☐

   d) 47 + 12

   ☐ + ☐ = ☐

6. Com uma calculadora, obtenha o valor exato dos itens da atividade anterior.

   a) 54 − 29 = _____

   b) 76 − 34 = _____

   c) 61 + 26 = _____

   d) 47 + 12 = _____

Cento e quarenta e sete **147**

OUTRAS ESTRATÉGIAS PARA RESOLVER SUBTRAÇÕES

1. Larissa ganhou um par de patins no Natal. Ela e seu pai foram a uma loja comprar um capacete para ela aprender a andar de patins.

> Quero comprar esse capacete. Mas tenho apenas 42 reais.

- Podemos obter a quantia que falta para Larissa comprar o capacete calculando **55 − 42** com decomposição.

    Decompomos cada um dos números e depois subtraímos as unidades e as dezenas. Observe e complete.

$$55 \rightarrow 50 + 5$$
$$42 \rightarrow 40 + 2$$
$$\overline{10 + 3}$$

Faltam _____ reais para Larissa comprar o capacete.

- O pai emprestou 25 reais a Larissa.

a) Quantos reais ela tem agora?

_____ reais.

b) Quantos reais vão sobrar após Larissa comprar o capacete?

_____ reais.

2. Veja como Rafaela calculou **64 − 9**.

> 64 − 9
> 64 − 10 = 54 e 54 + 1 = 55
> Portanto, 64 − 9 = 55.

*Tinha de calcular **64 − 9**. Para facilitar, fiz **64 − 10** e, depois, adicionei 1 ao resultado.*

• Agora, calcule mentalmente.

a) 97 − 9 = _____

b) 71 − 9 = _____

c) 53 − 19 = _____

d) 96 − 29 = _____

3. Celso cultiva mudas de eucalipto. Em certo período de tempo, ele fez três medições da altura de uma dessas mudas. Observe.

| 1ª medição: 32 mm | 2ª medição: 154 mm | 3ª medição: 288 mm |

a) Quanto essa muda de eucalipto cresceu entre a 1ª e a 2ª medições? _____ mm

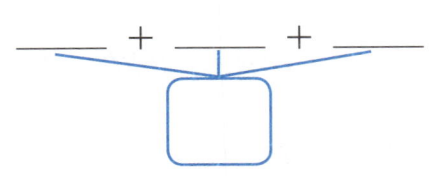

```
154 →   100 + 50 + 4
 32 →         30 + 2
      _____
         ___ + ___ + ___
                 □
```

b) Quanto essa muda de eucalipto cresceu entre a 2ª e a 3ª medições? _____ mm

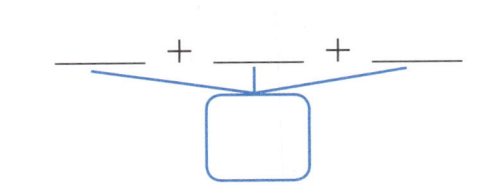

```
288 →   ___ + ___ + ___
154 →   ___ + ___ + ___
      _____
         ___ + ___ + ___
                 □
```

4. Veja quantos quilogramas têm aproximadamente as menores tartarugas marinhas adultas que habitam o litoral brasileiro.

Tartaruga-de-pente: 86 kg

Tartaruga-oliva: 42 kg

Fonte: PROJETO TAMAR. Disponível em: <www.tamar.org.br>. Acesso em: 8 maio 2017.

Para saber quantos quilogramas a tartaruga-de-pente tem a mais que a tartaruga-oliva, podemos calcular **86 − 42** do seguinte modo:

- colocamos um número embaixo do outro de acordo com o quadro de ordens.
- subtraímos primeiro as unidades e depois as dezenas.

D	U
8	6
− 4	2

ou

```
  8 6
− 4 2
─────
```

Portanto, a tartaruga-de-pente tem aproximadamente

_____ kg a mais que a tartaruga-oliva.

5. A escola onde Marina estuda vai fazer uma excursão ao zoológico. São 46 vagas ao todo, mas 25 pessoas já se inscreveram. Quantas vagas ainda estão disponíveis?

_____ vagas.

6. Vamos encontrar as palavras? Calcule o resultado de cada operação e localize esse número escrito por extenso no diagrama.

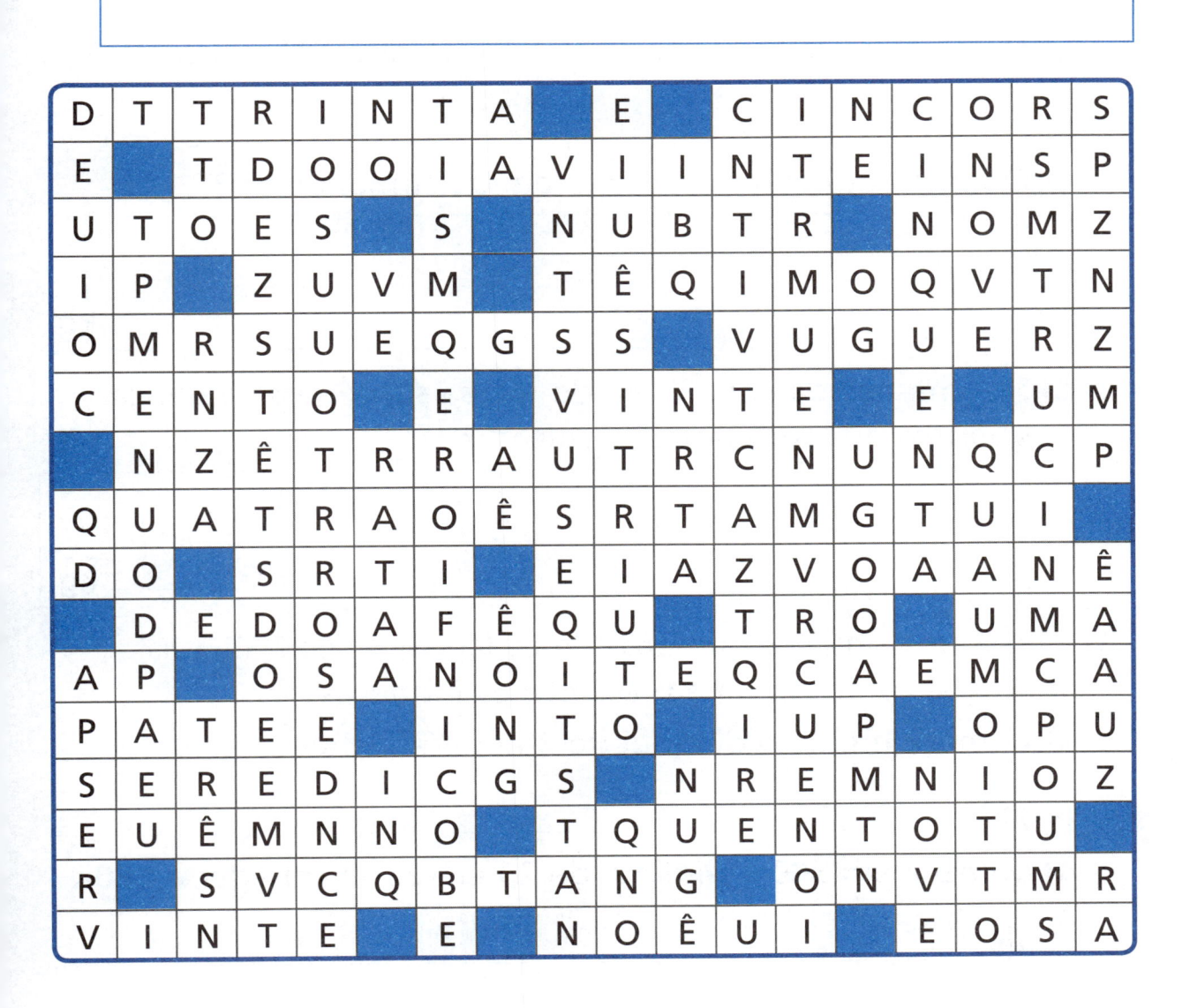

a) 32 + 27 = _____

b) 48 − 13 = _____

c) 101 + 20 = _____

d) 393 − 390 = _____

D	T	T	R	I	N	T	A		E		C	I	N	C	O	R	S
E		T	D	O	O	I	A	V	I	I	N	T	E	I	N	S	P
U	T	O	E	S		S		N	U	B	T	R		N	O	M	Z
I	P		Z	U	V	M		T	Ê	Q	I	M	O	Q	V	T	N
O	M	R	S	U	E	Q	G	S	S		V	U	G	U	E	R	Z
C	E	N	T	O		E		V	I	N	T	E		E		U	M
	N	Z	Ê	T	R	R	A	U	T	R	C	N	U	N	Q	C	P
Q	U	A	T	R	A	O	Ê	S	R	T	A	M	G	T	U	I	
D	O		S	R	T	I		E	I	A	Z	V	O	A	A	N	Ê
	D	E	D	O	A	F	Ê	Q	U		T	R	O		U	M	A
A	P		O	S	A	N	O	I	T	E	Q	C	A	E	M	C	A
P	A	T	E	E		I	N	T	O		I	U	P		O	P	U
S	E	R	E	D	I	C	G	S		N	R	E	M	N	I	O	Z
E	U	Ê	M	N	N	O		T	Q	U	E	N	T	O	T	U	
R		S	V	C	Q	B	T	A	N	G		O	N	V	T	M	R
V	I	N	T	E		E		N	O	Ê	U	I		E	O	S	A

Cento e cinquenta e um **151**

VOCÊ LEITOR

7. Leia a tirinha.

> — NÃO É POSSÍVEL! OITENTA E SEIS QUILOS?
> — AMIGO, ESSA BALANÇA ESTÁ CERTA?
> — NÃO, SENHOR, MAS VAMOS ARRUMÁ-LA!
> — UFA! PENSEI QUE EU... ELA MARCA TRÊS QUILOS A MENOS!

Alexandre Beck. **Armandinho dois**. Florianópolis: A. C. Beck, 2014. p. 39.

a) Quando o pai de Armandinho subiu na balança, quantos quilogramas ela indicou? _____ kg

b) Quantos quilogramas a menos a balança está indicando?

_____ kg

c) Quantos quilogramas tem o pai de Armandinho?

_____ kg

d) Se uma pessoa com 37 kg de massa subir nessa balança, quantos quilogramas ela indicará?

_____ kg

8. Vamos descobrir os números de cada sequência? Siga as indicações de cada uma e escreva os números.

a) Começa em 77 e diminui de 3 em 3 até chegar a 50.

77, _____

b) Começa em 300 e diminui de 20 em 20 até chegar a 180.

300, _____

9. O sapo precisa atravessar o rio pulando sobre as pedras.

Trace um caminho que leve o sapo de uma margem a outra do rio, começando na pedra de número **5** e adicionando **4** para escolher a pedra seguinte.

10. Reúnam-se em duplas e observem a sequência abaixo.

🟢🟢🟡🟢🟢🟡🟢🟢🟡

a) Vocês percebem alguma regularidade? Qual?

b) Que tal um desafio? Descubram a regularidade da sequência abaixo e completem-na pintando o quadrinho e escrevendo o número que falta.

| 100 | 150 | 200 | 250 | 300 | | 400 | 450 | 500 |

VOCÊ CIDADÃO

O CARTÃO BANCÁRIO

Você já viu alguém pagando uma compra com cartão bancário? Há pessoas que preferem utilizar esses cartões a ter de carregar dinheiro.

Veja informações importantes sobre cartões bancários.

- *Chip* de segurança
- Nome do proprietário: MARCELO DA SILVA
- Número do cartão: 714790 1121 39744 1009
- Data de validade (Mês/ano): 10/22

Quando usamos um cartão bancário, quem paga a conta?

Para responder a essa questão, vamos apresentar dois tipos de cartão: **cartão de débito** e **cartão de crédito**.

- Ao usar o cartão de débito, o dinheiro é retirado de sua conta bancária no momento da compra do produto.

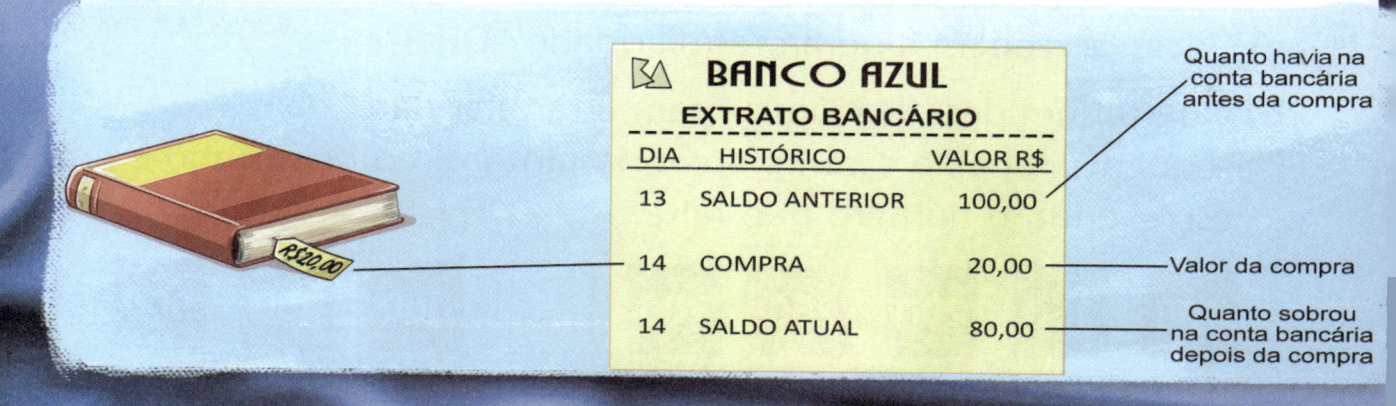

BANCO AZUL
EXTRATO BANCÁRIO

DIA	HISTÓRICO	VALOR R$
13	SALDO ANTERIOR	100,00
14	COMPRA	20,00
14	SALDO ATUAL	80,00

- Quanto havia na conta bancária antes da compra
- Valor da compra
- Quanto sobrou na conta bancária depois da compra

- Ao usar o cartão de crédito, você leva o produto, e o dinheiro só é retirado de sua conta bancária quando pagar a fatura.

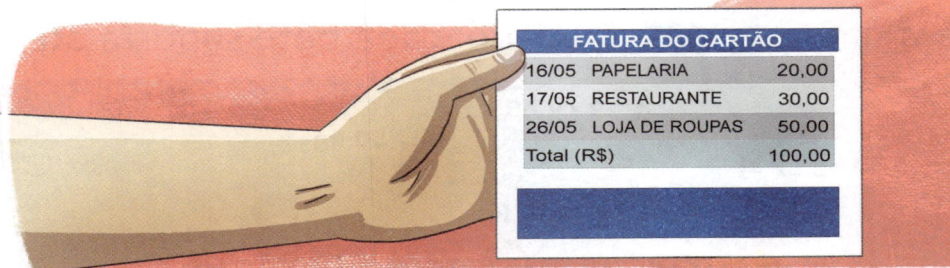

FATURA DO CARTÃO		
16/05	PAPELARIA	20,00
17/05	RESTAURANTE	30,00
26/05	LOJA DE ROUPAS	50,00
Total (R$)		100,00

Com esses cartões, é possível retirar dinheiro e pagar contas em caixas eletrônicos e realizar compras pela internet. Mas atenção: com qualquer tipo de cartão, é importante não gastar mais do que se pode pagar!

1. De que forma seus familiares costumam pagar as compras: com dinheiro ou cartão bancário?

2. Pesquise uma vantagem e uma desvantagem no uso do cartão bancário e, depois, converse com os colegas.

3. Se uma pessoa tem 485 reais na sua conta bancária e faz uma compra de 153 reais com o cartão de débito, quanto vai sobrar na conta?

_____ reais.

4. Se uma pessoa comprar com o cartão de crédito apenas os três produtos abaixo, qual será o valor da fatura?

R$ 34,00
R$ 11,00
R$ 23,00

_____ reais.

UM POUCO MAIS

1. Que tal ajudar as pessoas a atravessar o rio? Ligue cada pessoa a um bote. Mas cuidado: cada bote suporta até 90 kg.

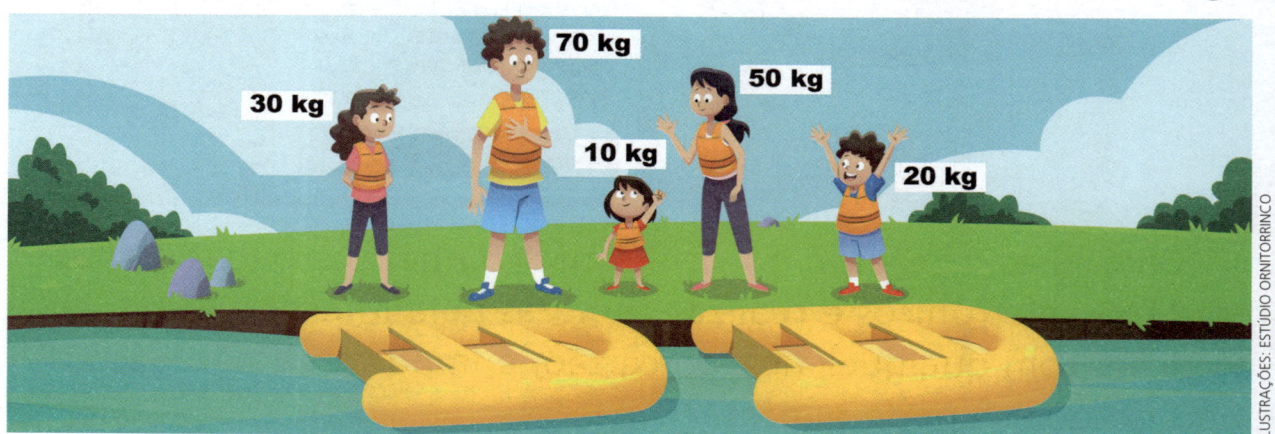

2. Observe a tabela abaixo e responda às questões.

Quantidade de sanduíches vendidos na cantina de uma escola em uma semana	
Sabor	Quantidade
Frango	245
Queijo	131

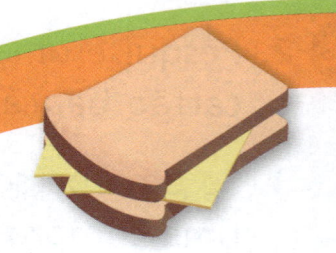

Fonte: Cantina de uma escola.

a) O que está sendo apresentado na tabela? Converse com o professor e seus colegas.

b) Ao todo, quantos sanduíches foram vendidos nessa semana?

_____ sanduíches.

c) Qual sabor de sanduíche foi o mais vendido nessa semana? Quantos a mais?

156 Cento e cinquenta e seis

3. Veja os brinquedos que Ígor quer comprar para os filhos.

43 reais

22 reais

a) Quanto Ígor vai pagar pelos dois brinquedos?

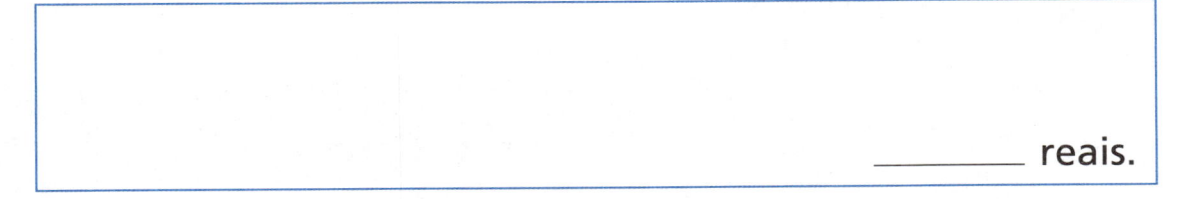

_____ reais.

b) Para facilitar o troco, Ígor pagou os brinquedos com três cédulas: 50 reais, 20 reais e 5 reais. Contorne a cédula que ele pode receber de troco.

As cédulas não estão em tamanho real.

4. Amanda e Mírian estão brincando: uma delas diz um número e a outra faz uma adição ou subtração na calculadora para obter esse número no visor.

Em cada item, observe o resultado no visor e escreva os possíveis números nas teclas.

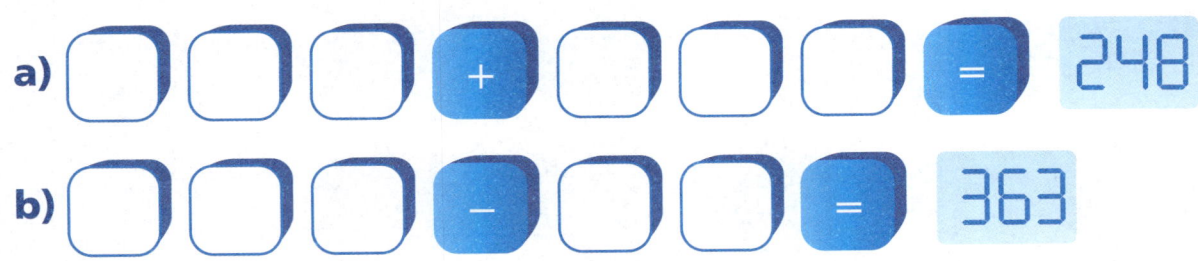

a) ☐ ☐ ☐ + ☐ ☐ ☐ = 248

b) ☐ ☐ ☐ ☐ − ☐ ☐ ☐ = 363

5. Escreva uma sequência, de 20 em 20, começando em 300 até chegar a 500.

300, _____.

Cento e cinquenta e sete **157**

UNIDADE 6
MULTIPLICAÇÃO

- O que você vê na cena?
- Quantas cabines há na roda-gigante? Quantas crianças estão em cada cabine?
- Como você faria para saber quantas crianças ao todo estão na roda-gigante?

Cento e cinquenta e nove 159

IDEIAS DA MULTIPLICAÇÃO: ADIÇÃO DE PARCELAS IGUAIS

1. Observe a roda-gigante ao lado.

As 4 crianças de cada cabine podem ser representadas pela ficha abaixo.

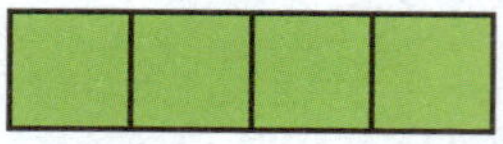

Assim, podemos indicar o total de crianças da seguinte maneira:

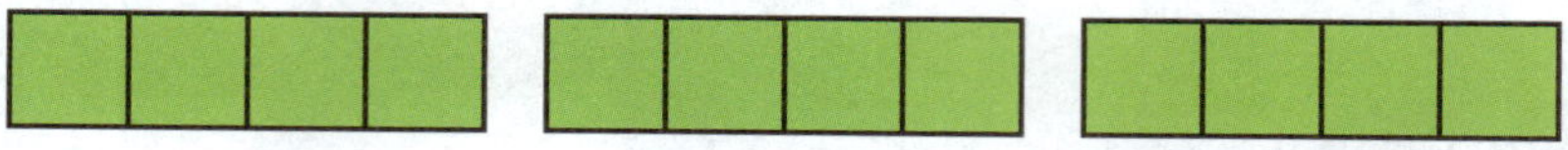

Note que são 3 fichas representando 4 crianças em cada uma.

- Observe duas maneiras de calcular o total de crianças e complete a operação.

a) Usando a adição:

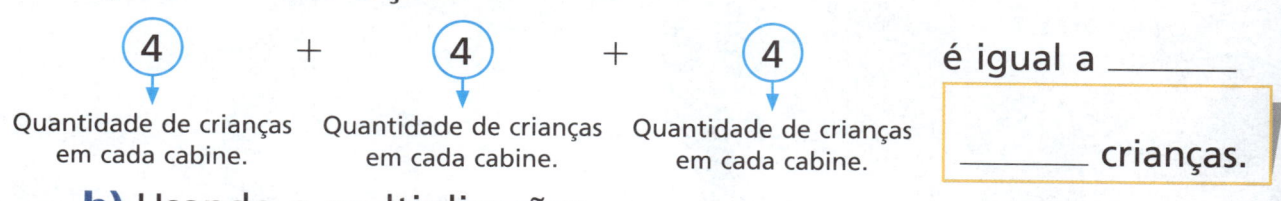

④ + ④ + ④   é igual a _____

Quantidade de crianças em cada cabine.   Quantidade de crianças em cada cabine.   Quantidade de crianças em cada cabine.

_____ crianças.

b) Usando a multiplicação:

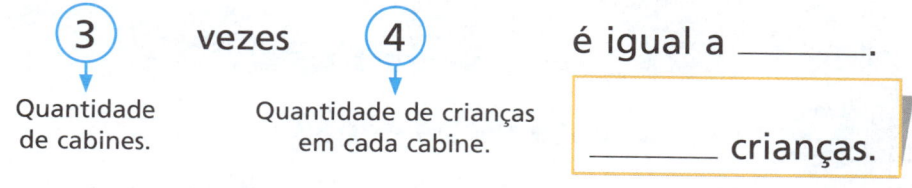

③ vezes ④   é igual a _____.

Quantidade de cabines.   Quantidade de crianças em cada cabine.

_____ crianças.

- Na multiplicação, a palavra **vezes** pode ser indicada pelo símbolo ✗. Assim, podemos representar essa multiplicação da seguinte maneira: 3 ✗ 4 = _____.

Portanto, há o total de _____ crianças na roda-gigante.

2. Observe as representações em cada item e complete as sentenças.

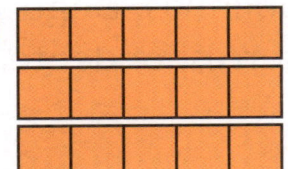

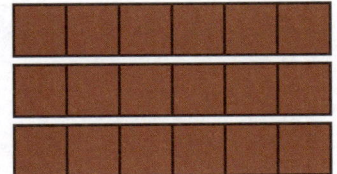

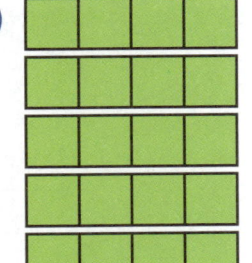

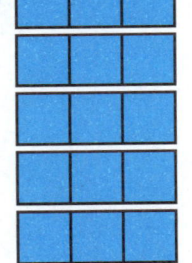

a) 5 + 5 + 5 = _____

3 × 5 = _____

b) 6 + 6 + 6 = _____

3 × 6 = _____

c) 4 + _____ + _____ + _____ + _____ = _____

5 × _____ = _____

d) 3 + ___ + ___ + ___ + ___ + ___ + ___ = _____

7 × ___ = _____

e) _____ + _____ = _____

_____ × _____ = _____

3. Agora é com você! Destaque as fichas das páginas **233** e **235** e escreva o resultado das multiplicações.

a) 9 × 3 = _____

b) 4 × 7 = _____

c) 8 × 8 = _____

d) 5 × 9 = _____

e) 6 × 10 = _____

f) 7 × 7 = _____

Cento e sessenta e um **161**

4. Os irmãos Ricardo, Isabela, Marcelo e Isadora adoram bolinhas de gude. Observe a coleção de cada um e ligue-a com a multiplicação que representa o total de bolinhas. Depois, complete cada operação com o número correspondente.

Ricardo

4 × 4 = _____

Isabela

4 × 6 = _____

Marcelo

3 × 9 = _____

Isadora

2 × 8 = _____

5. Adriana ganhou duas formas de gelo. Quantas pedras de gelo ela pode fazer em cada uma dessas formas?

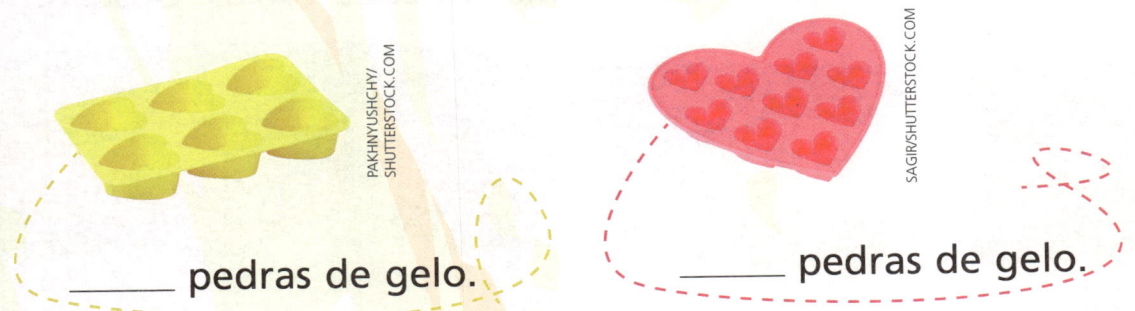

_____ pedras de gelo.

_____ pedras de gelo.

• Agora, escreva uma multiplicação para calcular a quantidade de pedras de gelo em cada item.

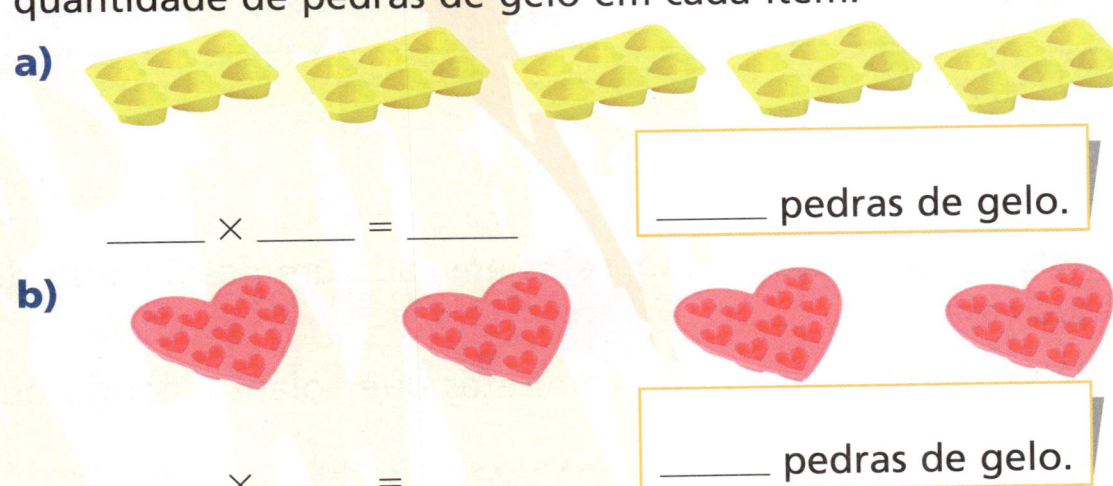

a)

_____ × _____ = _____

_____ pedras de gelo.

b)

_____ × _____ = _____

_____ pedras de gelo.

6. Joana comprou 4 pacotes com 5 figurinhas em cada um. Veja como ela calculou a quantidade de figurinhas compradas.

Para cada pacote, indiquei 5 figurinhas. Depois, contei o total de figurinhas.

a) Escreva uma multiplicação que represente a quantidade de figurinhas que Joana comprou.

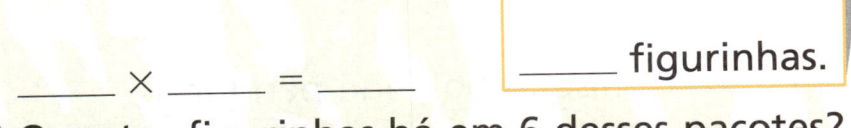

_____ × _____ = _____

_____ figurinhas.

b) Quantas figurinhas há em 6 desses pacotes?

_____ × _____ = _____

_____ figurinhas.

7. Hélio é o dono de uma loja de brinquedos. No estoque da loja há massa de modelar, organizada em 3 caixas. Observe.

- Quantos potes de massa de modelar têm no estoque da loja? Escreva uma multiplicação que represente essa quantidade.

  _____ × _____ = _____   _____ potes.

8. Solange pendurou 6 camisetas em cada um dos 3 varais de sua casa.

a) Desenhe nos varais as camisetas que Solange pendurou.

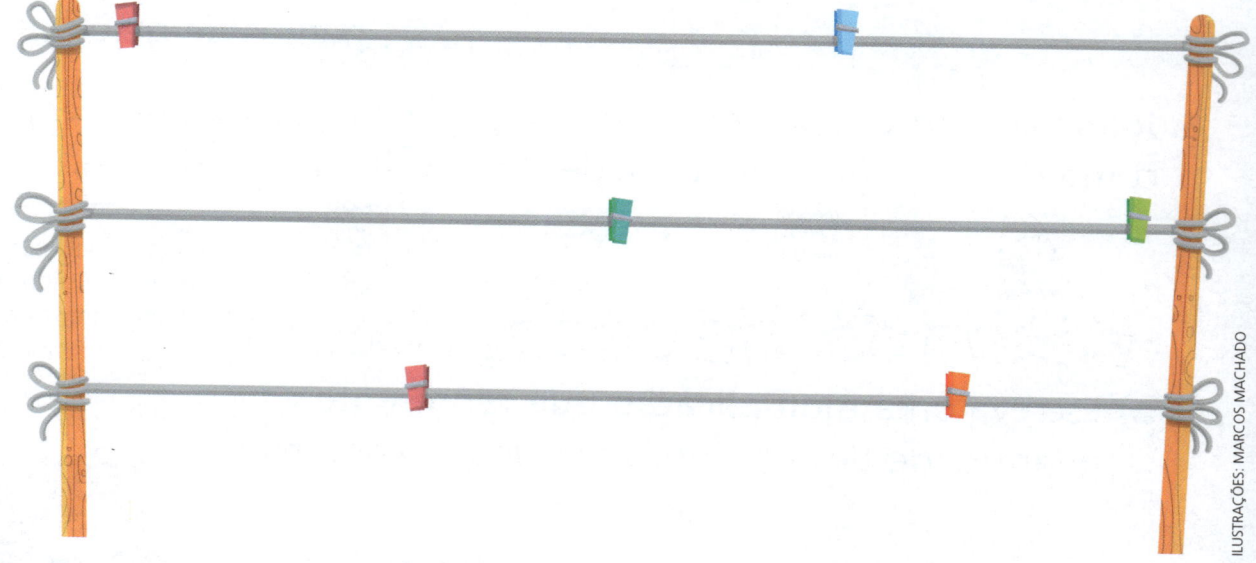

b) Ao todo, quantas camisetas Solange pendurou?

_____ × _____ = _____   _____ camisetas.

9. Observe ao lado o valor de um pacote de café. Você acha que com 40 reais é possível comprar 4 pacotes de café como esse? _____

• Agora, calcule quanto custam 4 pacotes de café e verifique sua resposta.

_____ × _____ = _____   _____ reais.

10. Roberto adora fazer cálculos mentais. Observe como ele fez para calcular **2 × 30**.

Como **2 × 3 = 6**, então **2 × 30 = 60**, ou seja, 2 vezes 3 dezenas é igual a 6 dezenas.

2 × 3 = 6

2 × 30 = 60

• Agora é com você! Calcule mentalmente e escreva os resultados.

a) 2 × 20 = _____

b) 3 × 30 = _____

c) 4 × 20 = _____

d) 7 × 10 = _____

MULTIPLICAÇÃO NA CALCULADORA

Veja um modelo de calculadora e as funções de algumas teclas.

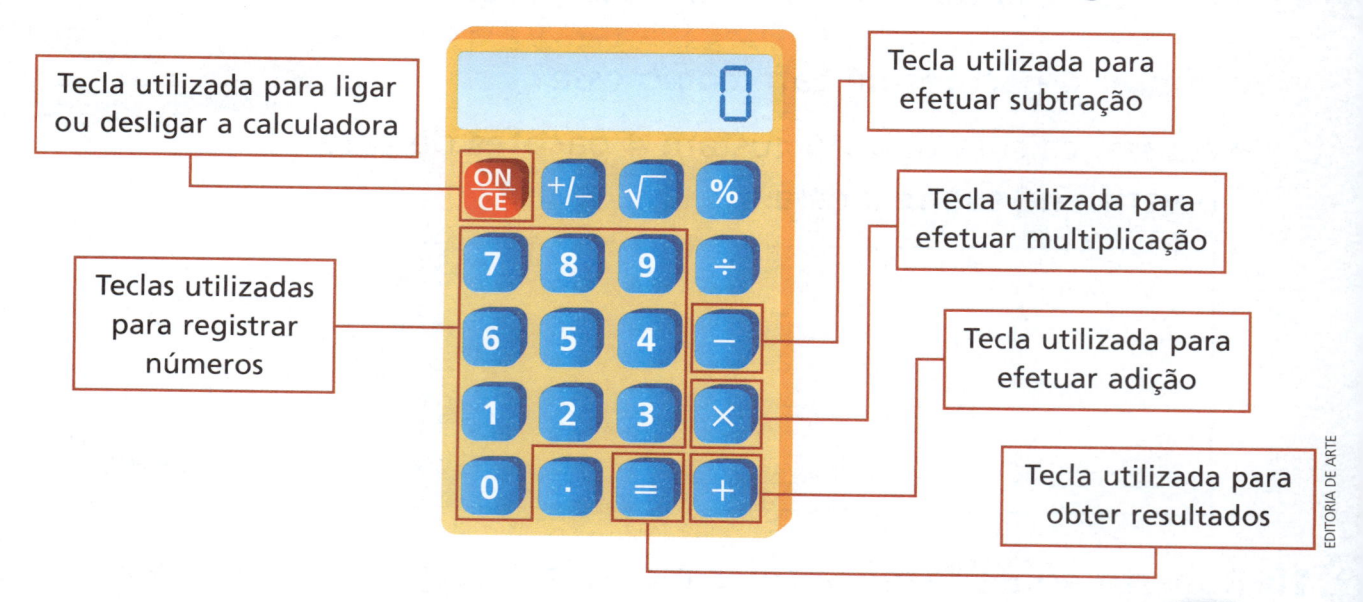

- Tecla utilizada para ligar ou desligar a calculadora
- Teclas utilizadas para registrar números
- Tecla utilizada para efetuar subtração
- Tecla utilizada para efetuar multiplicação
- Tecla utilizada para efetuar adição
- Tecla utilizada para obter resultados

- Agora, vamos resolver alguns problemas utilizando uma calculadora.

1. Helena quer muito comprar um ventilador para sua casa. Por isso, ela fez pesquisa de preços, analisou o orçamento familiar e verificou que era possível comprar o ventilador da fotografia ao lado.

   Quanto Helena vai gastar comprando esse ventilador?

   4 prestações de 43 reais

   Vamos resolver esse problema, na calculadora, de duas maneiras.

   - Com **adição**.

     Como cada prestação tem o valor de 43 reais e são 4 prestações ao todo, calculamos **43 + 43 + 43 + 43** digitando as seguintes teclas:

     4 3 + 4 3 + 4 3 + 4 3 = 172

• Com **multiplicação**.

Como são 4 prestações de 43 reais cada uma, calculamos 4 × 43 digitando as seguintes teclas:

[4] [×] [4] [3] [=]   172

Helena vai gastar _____ reais.

2. Com uma calculadora, resolva o problema ao lado de duas maneiras: por meio da adição e da multiplicação.

> O prédio onde moro tem **9** andares com **6** apartamentos por andar. Quantos apartamentos há ao todo nesse prédio?

_____ apartamentos.

3. Obtenha na calculadora o resultado de **7 + 7 + 7 + 7 + 7**.

Mas atenção: você não pode digitar a tecla [+]!

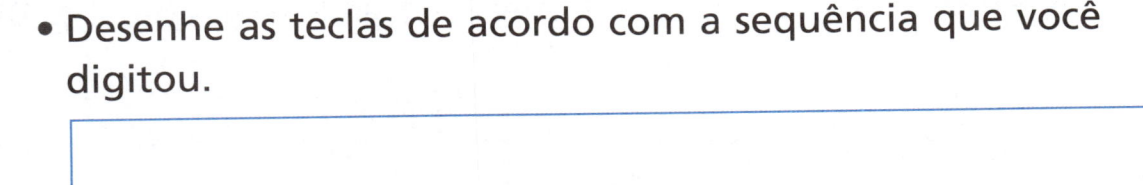

• Desenhe as teclas de acordo com a sequência que você digitou.

4. Agora, obtenha o resultado de **3 × 8** sem digitar a tecla [×].

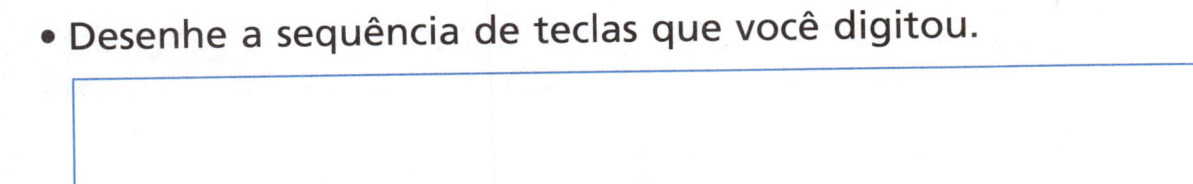

• Desenhe a sequência de teclas que você digitou.

IDEIAS DA MULTIPLICAÇÃO: DISPOSIÇÃO RETANGULAR

1. Leia o texto com o professor e seus colegas.

No quarto de Lúcia
Há uma linda prateleira
Com bichos de pelúcia
Pra brincar a tarde inteira.

Tem urso, ovelha e leão
Cada bicho bem fofinho
Mas depois da diversão
Vai cada um pro seu cantinho.

Texto do autor.

- Nas prateleiras, os bichos de pelúcia estão organizados em linhas e colunas. Essa organização é chamada de **disposição retangular**.

168 Cento e sessenta e oito

Observe a disposição retangular em que estão organizados esses bichos e responda às questões.

• Em quantas linhas estão organizados os bichos? _____ linhas.

• Quantos bichos há em cada linha? _____ bichos.

• Complete a adição e a multiplicação para obter a quantidade de bichos de pelúcia na prateleira.

4 + _____ + _____ = _____

_____ × _____ = _____

_____ bichos.

• Em quantas colunas estão organizados os bichos? _____ colunas.

• Quantos bichos há em cada coluna? _____ bichos.

• Complete a adição e a multiplicação para obter a quantidade de bichos de pelúcia na prateleira.

3 + _____ + _____ + _____ = _____

_____ × _____ = _____

_____ bichos.

2. Leila fez uma horta vertical na sacada de seu apartamento para cultivar alguns temperos e alimentos que utiliza para cozinhar. Escreva uma adição e uma multiplicação para calcular a quantidade de vasos dessa horta vertical.

_____ vasos.

3. Lauri ganhou um painel de madeira para organizar sua coleção de carrinhos. Observe o painel com parte de sua coleção.

- Escreva uma multiplicação para resolver cada item.

   a) Quantos carrinhos Lauri colocou no painel?

   _____ × _____ = _____   _____ carrinhos.

   b) Quantos carrinhos faltam para completar o painel?

   _____ × _____ = _____   _____ carrinhos.

   c) Ao todo, quantos carrinhos cabem no painel?

   _____ × _____ = _____   _____ carrinhos.

4. Clara instalou alguns aplicativos no celular de seu pai. Escreva uma adição e uma multiplicação para calcular a quantidade de ícones que aparecem na tela do celular.

_____ ícones.

5. A professora Márcia pediu a seus alunos que representassem a multiplicação **2 × 5** em uma malha quadriculada. Alex e Bia resolveram de maneiras diferentes. Observe.

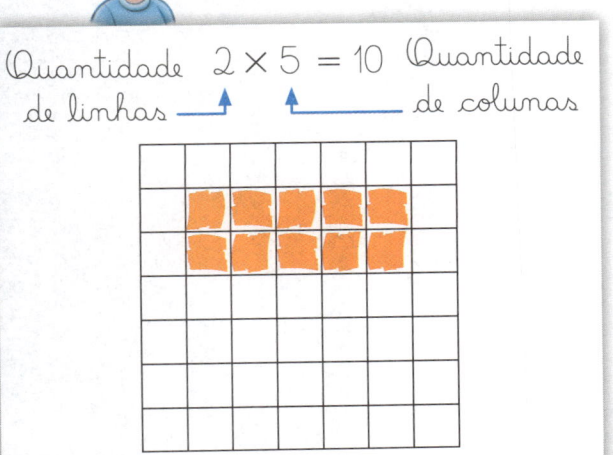

Alex: Primeiro, indiquei a quantidade de linhas e, depois, de colunas. Por fim, pintei a figura.

Bia: Primeiro, indiquei a quantidade de colunas e, depois, de linhas. Por fim, pintei a figura.

Quantidade de linhas → 2 × 5 = 10 ← Quantidade de colunas

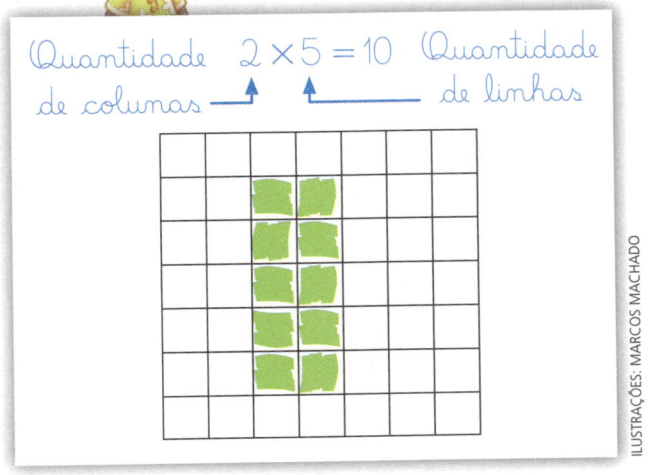

Quantidade de colunas → 2 × 5 = 10 ← Quantidade de linhas

a) Escreva duas multiplicações para representar a quantidade de ▪ da figura.

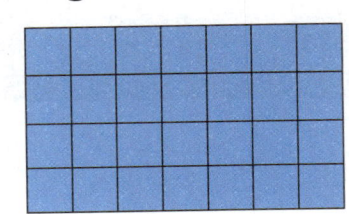

_____ × _____ = _____

_____ × _____ = _____

b) Resolva a multiplicação **8 × 3** usando a malha quadriculada.

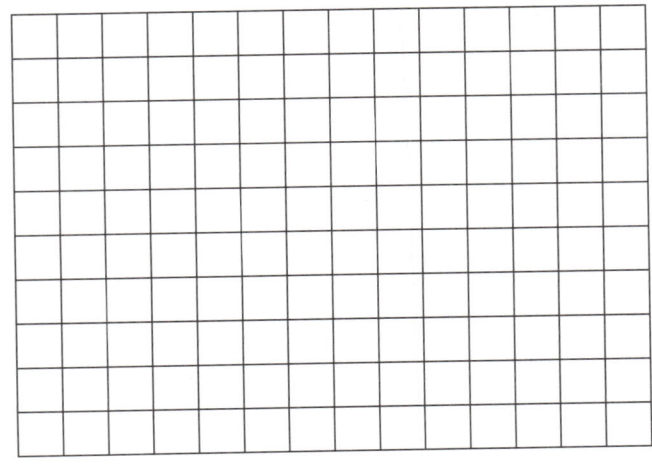

8 × 3 = _____

O DOBRO E O TRIPLO

1. José é confeiteiro e faz doces feitos com frutas brasileiras. Veja os ingredientes que ele usa para preparar um pudim de cupuaçu.

Pudim de cupuaçu

Ingredientes

- 2 cupuaçus
- 2 colheres de sopa de manteiga
- 1 quilograma de açúcar
- 8 ovos
- 1 xícara de chá de farinha de trigo

Para atender a uma encomenda de dois pudins de cupuaçu, José precisa do **dobro** de ingredientes.

> **VOCÊ ESCRITOR**

- Escreva a quantidade de cada ingrediente que José vai precisar para preparar essa encomenda.

_____
_____
_____
_____

2. Calcule o dobro de:

8 litros.
_____ litros.

20 cm.
_____ cm

alunos da sua turma.
_____ alunos.

VOCÊ LEITOR

3. Alguns supermercados colocam produtos em promoção, oferecendo ao consumidor uma quantidade maior do produto por um preço menor. Veja alguns exemplos.

☐ LEVE 4 PAGUE 3 CEREAL

☐ iogurte LEVE 6 PAGUE 4

☐ SABONETE LEVE 4 PAGUE 2

ILUSTRAÇÕES: MARCOS MACHADO

a) Quantos potes de iogurte há na bandeja? Por quantos potes se paga nessa promoção?

_____

b) Marque com um ✗ o produto pelo qual o consumidor recebe o dobro da quantidade paga.

c) Pesquise, em folhetos de ofertas de supermercados, um produto em promoção cuja quantidade na embalagem seja o dobro pela qual se paga. Depois, no caderno, desenhe essa embalagem.

4. Reúnam-se em duplas, leiam a tirinha e resolvam as questões.

ARMANDINHO, DE ALEXANDRE BECK

Quadrinho 1: NÃO QUERO MAIS!
Quadrinho 2: — COME PELO MENOS METADE! TÁ BOM!
Quadrinho 3: EMPURRAR TUDO PRA UM LADO NÃO VALE!!
Quadrinho 4: PÔXA...

Alexandre Beck. Armandinho zero. Florianópolis: A. C. Beck, 2013. p. 56.

- Armandinho comeu **metade** das uvas que havia no prato e sobraram as representadas ao lado.

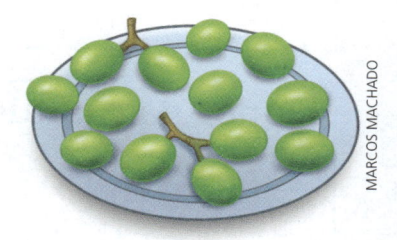

a) Quantas uvas sobraram no prato? _____ uvas.

b) Quantas uvas Armandinho comeu? _____ uvas.

c) No início, quantas uvas havia no prato?

_____ uvas.

d) Vocês conhecem a relação entre o **dobro** e a **metade**? Observem os itens anteriores, conversem sobre essa relação e, depois, completem as frases.

- _____ é o dobro de 13.
- 13 é a metade de _____.

5. Uma loja de bijuterias colocou seus produtos em promoção. Todos estavam pela metade do preço. Carina pagou 10 reais por uma pulseira. Qual era o preço dessa pulseira sem o desconto da promoção?

_____ reais.

6. Para preparar um copo de suco, Sandro espremeu 5 laranjas. Contorne a quantidade de laranjas que Sandro vai precisar para preparar 3 copos de suco.

Quando multiplicamos um número qualquer por 3, estamos calculando o **triplo** desse número. Assim, podemos dizer que Sandro vai precisar do triplo da quantidade de laranjas que utilizou para preparar um copo de suco.

_____ laranjas.

7. Renata tem 10 anos de idade e sua mãe, o triplo dessa idade. Quantos anos tem a mãe de Renata?

_____ anos.

8. Ana, Bianca e Caio compraram material para fazer um trabalho escolar. Eles repartiram igualmente essa despesa, ou seja, cada um pagou a **terça parte** do valor total.

Veja ao lado a quantia paga por Ana.

As moedas não estão em tamanho real.

a) Qual foi a quantia que cada criança pagou? _____ reais.

b) Qual foi a despesa total das crianças?

_____ reais.

c) Você conhece a relação entre o **triplo** e a **terça parte**? Observe os itens anteriores e complete as frases.

- _____ é o triplo de 4.
- 4 é a terça parte de _____.

JOGOS E BRINCADEIRAS

JOGO DA MULTIPLICAÇÃO

Vamos brincar?

MATERIAL
- Fichas
- Tesoura com pontas arredondadas

COMO JOGAR

1. Reúnam-se em duplas.

2. Recortem as fichas entregues pelo professor.

3. Para começar o jogo, separem as fichas em um monte, com a face contendo o número voltada para baixo.

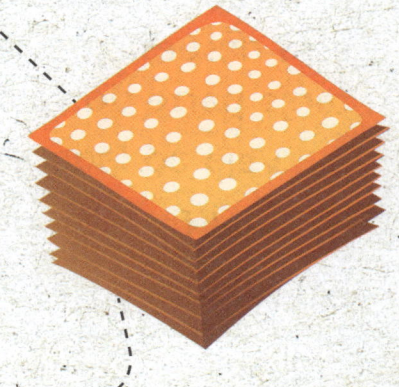

4. Cada aluno vira uma ficha do monte. Depois, cada um calcula o resultado da multiplicação desses números em uma folha de papel.

176 Cento e setenta e seis

5 Aquele que terminar primeiro diz: "Pronto!" e mostra o resultado.

PRONTO!

6 Juntos, verifiquem se o resultado está correto utilizando a calculadora. Se o aluno acertar, ele marcará 1 ponto. Se errar, quem marca 1 ponto é o outro.

7 Vence aquele com a maior pontuação após cinco rodadas.

BOA DIVERSÃO!

Cento e setenta e sete **177**

INTEGRANDO COM LÍNGUA PORTUGUESA

Veja a imagem de uma tartaruga diferente.

TARTARUGA DE FRUTAS

1. Que tal montar a receita dessa tartaruga? Preencha as quantidades que faltam dos ingredientes. Depois, complete as lacunas do **Modo de fazer**.

Ingredientes

- ✓ _____ rodela de abacaxi
- ✓ _____ uva
- ✓ _____ gomos de mexerica
- ✓ meia goiaba

Modo de fazer

1. Peça a um adulto que descasque e corte o _____ em rodelas. Separe uma rodela.

2. Descasque a _____ e separe _____ gomos.

3. Lave bem a _____.

4. Lave bem a _____. Com a ajuda de um adulto, corte e separe _____ goiaba.

Agora é só montar sua tartaruga e saborear!

2. Na tartaruga de frutas, qual dos ingredientes representa:

o casco? _____

o plastrão? _____

as nadadeiras? _____

a cabeça? _____

3. Escreva as quantidades de cada fruta para montar:

2 tartarugas de frutas

_____ rodelas de abacaxi

_____ gomos de mexerica

_____ uvas

_____ goiaba

4 tartarugas de frutas

_____ rodelas de abacaxi

_____ gomos de mexerica

_____ uvas

_____ goiabas

4. A professora de Luísa vai fazer essa receita para os 20 alunos da turma. Cada aluno vai ganhar uma tartaruga de frutas. Quantos gomos de mexerica serão necessários?

_____ gomos de mexerica.

5. Uma mexerica com 10 gomos é suficiente para o preparo de quantas tartarugas?

_____ tartarugas.

• Sobrarão gomos? Quantos? _____

Cento e setenta e nove **179**

UM POUCO MAIS

1. Observe ao lado a promoção de uma loja de roupas.

    • Marcos fez uma compra nessa loja e pagou 30 reais. Quanto ele pagaria caso não houvesse a promoção?

    _____ reais.

    TUDO PELA METADE DO PREÇO!

2. Com uma régua, meça o comprimento da linha azul.

    _____ _____ cm

    • Trace as linhas indicadas abaixo e escreva os comprimentos.

    a) Linha com o dobro do comprimento da linha azul.

    _____ cm

    b) Linha com 5 vezes o comprimento da linha azul.

    _____ cm

3. Juliana comprou um par de sapatos e pagou em 4 prestações de 20 reais. Quantos reais Juliana desembolsou, ao todo, nessa compra?

    _____ reais.

4. Pinte os ☐ da malha para obter a figura de um retângulo formado por 18 ☐. Note que alguns já foram pintados.

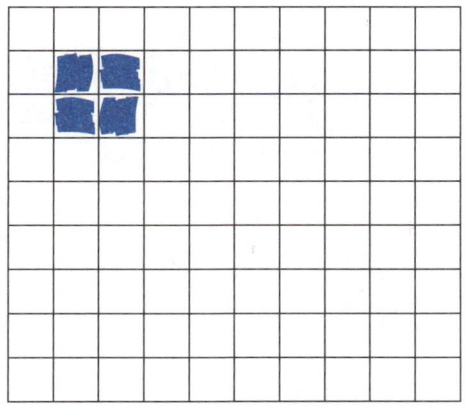

- Agora, escreva uma multiplicação para representar a quantidade de ☐ dessa figura.

_____ × _____ = _____

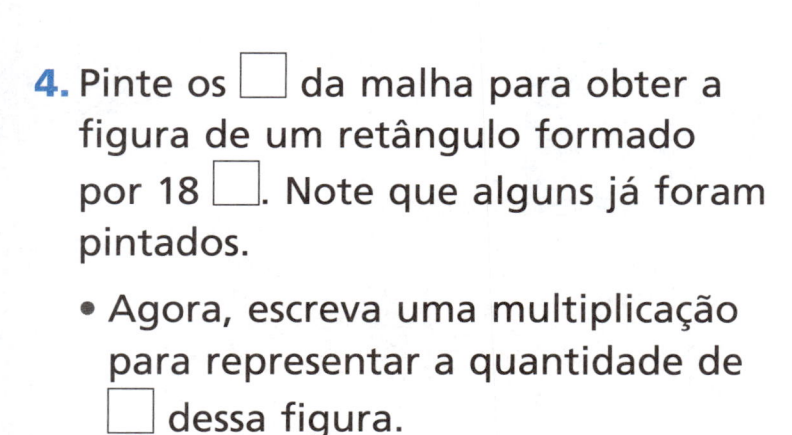

5. As 12 crianças do coral de uma escola estão preparando uma apresentação para o Dia da Família. Observe e marque com um ✗ as cenas em que todas elas estão organizadas em disposição retangular.

a)

b)

c)

d)

UNIDADE 7
ESTATÍSTICA E PROBABILIDADE

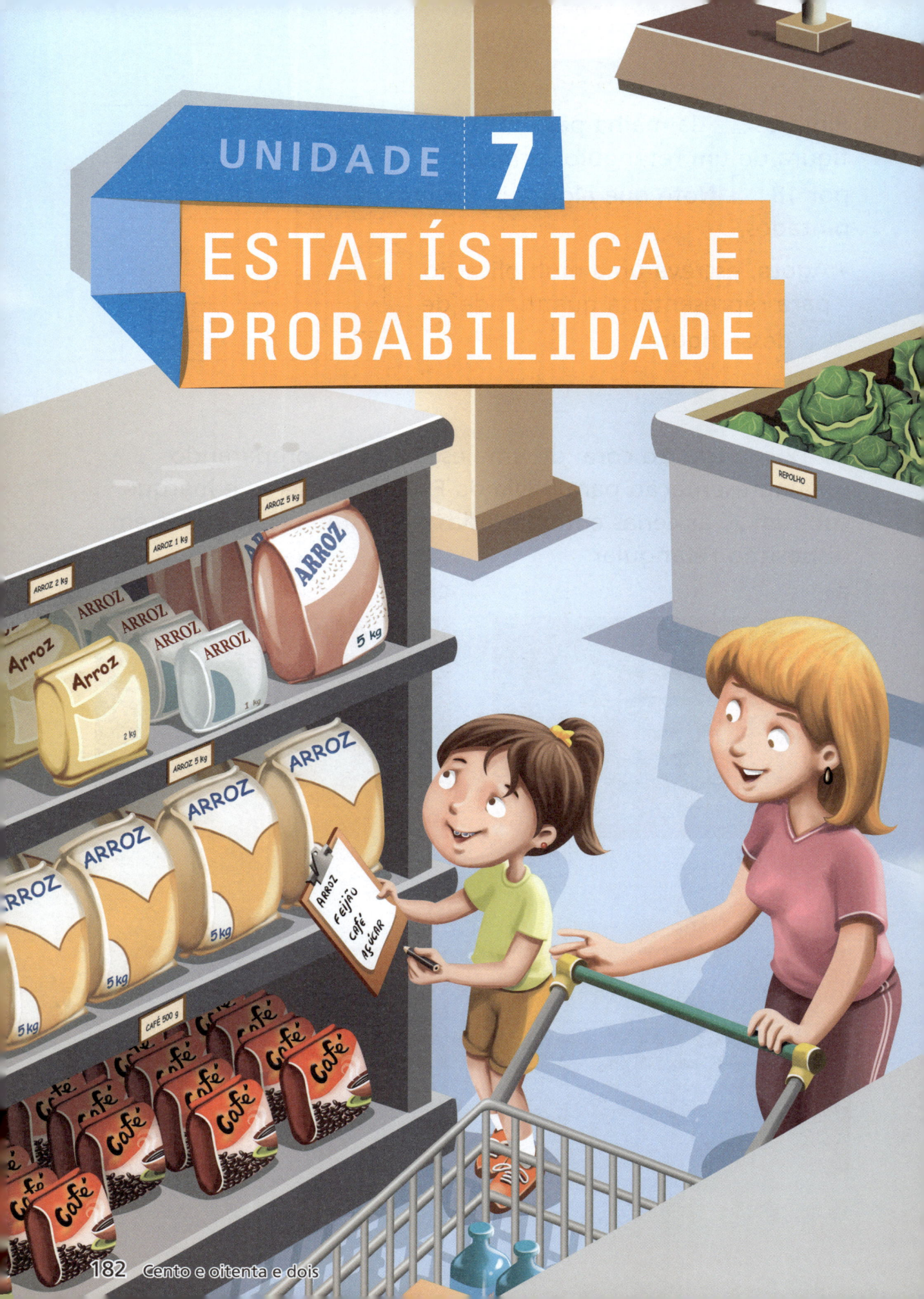

- O que a menina que aparece na cena está pesquisando?
- Você já fez pesquisa de preços de algum produto? Comente como foi essa pesquisa.
- Por que é importante fazer uma pesquisa de preços antes de comprar um produto?

TABELAS

1. Leila fez uma pesquisa de preços do pacote de arroz de 5 kg em cinco supermercados. Observe.

- Supermercado Estrela, dezoito reais.
- Supermercado Primavera, dezessete reais.
- Já no supermercado Damasco, o preço é quatorze reais.
- No supermercado Cedro, o preço do pacote de arroz é dezesseis reais.
- No supermercado Acácia, o preço é treze reais.

BENTINHO

a) Ela decidiu organizar essas informações em uma **tabela**. Ajude Leila a completá-la com os preços que faltam.

Preço do pacote de arroz de 5 kg					
Supermercado	Cedro	Estrela	Damasco	Primavera	Acácia
Preço	16 reais	18 reais			

Fonte: Dados da pesquisa de Leila.

b) Qual o preço do pacote de arroz no supermercado Primavera? _____

c) Em qual supermercado o pacote de arroz:

• custa 14 reais? _____

• tem o maior preço? _____

• tem o menor preço? _____

184 Cento e oitenta e quatro

2. Uma professora organizou os alunos em grupos de 4 integrantes e propôs que fossem ao supermercado com um adulto e anotassem o preço de pacotes de açúcar de 2 kg e de feijão de 1 kg.

Observe as anotações dos alunos do grupo de Caio e a tabela em que eles organizaram os preços do pacote de açúcar.

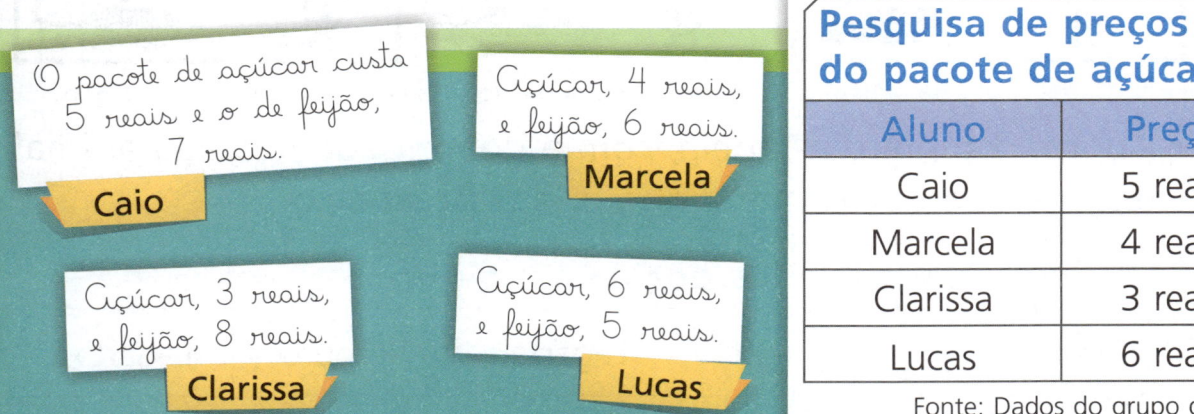

Caio: O pacote de açúcar custa 5 reais e o de feijão, 7 reais.

Marcela: Açúcar, 4 reais, e feijão, 6 reais.

Clarissa: Açúcar, 3 reais, e feijão, 8 reais.

Lucas: Açúcar, 6 reais, e feijão, 5 reais.

Pesquisa de preços do pacote de açúcar

Aluno	Preço
Caio	5 reais
Marcela	4 reais
Clarissa	3 reais
Lucas	6 reais

Fonte: Dados do grupo de Caio.

Agora é sua vez! Organize, na tabela ao lado, os preços do pacote de feijão que o grupo de Caio anotou e responda às questões.

Pesquisa de preços do pacote de feijão

Aluno	Preço
	_____ reais
	_____ reais
	_____ reais
	_____ reais

Fonte: Dados do grupo de Caio.

a) Qual é o preço do pacote de açúcar no supermercado aonde foi Lucas? _____

b) Qual dos alunos encontrou o pacote de açúcar por 5 reais? _____

c) Qual é o preço do pacote de feijão no supermercado aonde foi Marcela? _____

d) Qual dos alunos encontrou o pacote de açúcar com o menor preço? _____

3. Leia a tirinha.

E O PRIMEIRO DIA DE AULA?
O QUE ACHOU?

TRÊS GRILOS, DUAS LAGARTAS E SEIS BESOUROS!

ACHEI TAMBÉM UMA LAGARTIXA, SÓ NÃO TROUXE!

Alexandre Beck. **Armandinho cinco**. Florianópolis: A. C. Beck, 2015. p. 29.

• Agora, complete a tabela, com a quantidade de cada animal encontrado por Armandinho, e a frase abaixo.

Animais encontrados por Armandinho				
Animal	Grilo	Lagarta	Besouro	Lagartixa
Quantidade	3			

Fonte: Tirinha.

Armandinho encontrou ao todo _____ animais.

4. Clara e João representaram, em uma tabela, se gostam ou não de alguns alimentos por meio de símbolos. Observe e complete a última linha da tabela de acordo com o seu gosto.

Gosto das crianças por alguns alimentos				
Criança \ Alimento	Alface	Carne	Leite	Maçã
Clara	🙂	☹	🙂	☹
João	🙂	🙂	🙂	🙂

🙂 Gosta
☹ Não gosta

Fonte: Crianças.

a) De quais desses alimentos Clara gosta? _____

b) Quais crianças gostam de leite? _____

VOCÊ LEITOR

5. Nos Jogos Olímpicos, os melhores atletas de cada modalidade recebem medalhas de ouro, prata ou bronze.

Veja as medalhas conquistadas pelos atletas brasileiros nos Jogos Olímpicos de 2016, no Rio de Janeiro.

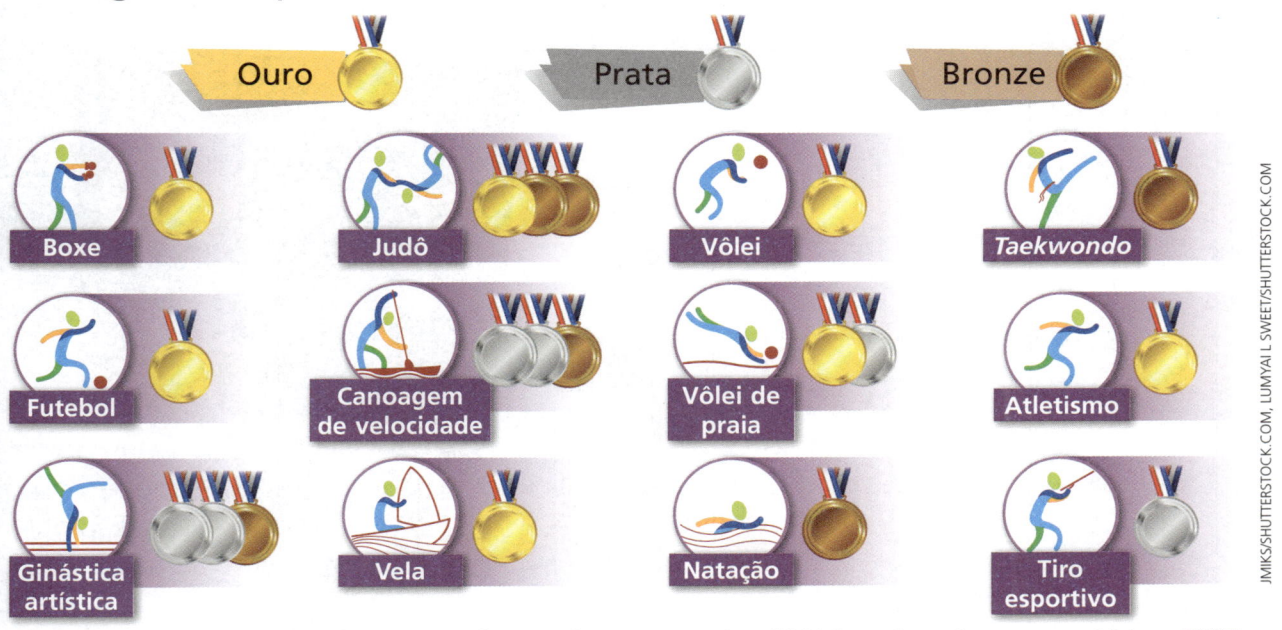

Boxe	Bronze
Judô	Ouro, Prata, Bronze
Vôlei	Prata
Taekwondo	Bronze
Futebol	Ouro
Canoagem de velocidade	Prata, Prata, Bronze
Vôlei de praia	Ouro, Prata
Atletismo	Ouro
Ginástica artística	Prata, Prata, Bronze
Vela	Ouro
Natação	Bronze
Tiro esportivo	Prata

Fonte: BRASIL 2016. Disponível em: <www.brasil2016.gov.br>. Acesso em: 19 jan. 2017.

a) Faça uma marcação para cada medalha.

b) Agora, conte as marcações, complete a tabela e responda.

- Qual tipo de medalha os atletas brasileiros mais conquistaram? _____

Fonte: BRASIL 2016. Disponível em: <www.brasil2016.gov.br>. Acesso em: 19 jan. 2017.

Medalhas conquistadas pelos atletas brasileiros nos Jogos Olímpicos de 2016, no Rio de Janeiro

Medalha	Quantidade
Ouro	
Prata	
Bronze	

c) Ao todo, quantas medalhas foram conquistadas pelos atletas brasileiros? _____

GRÁFICOS DE COLUNAS

1. Veja a seguir um recorte de jornal.

Povos indígenas que habitam a região Sudeste, por estado.

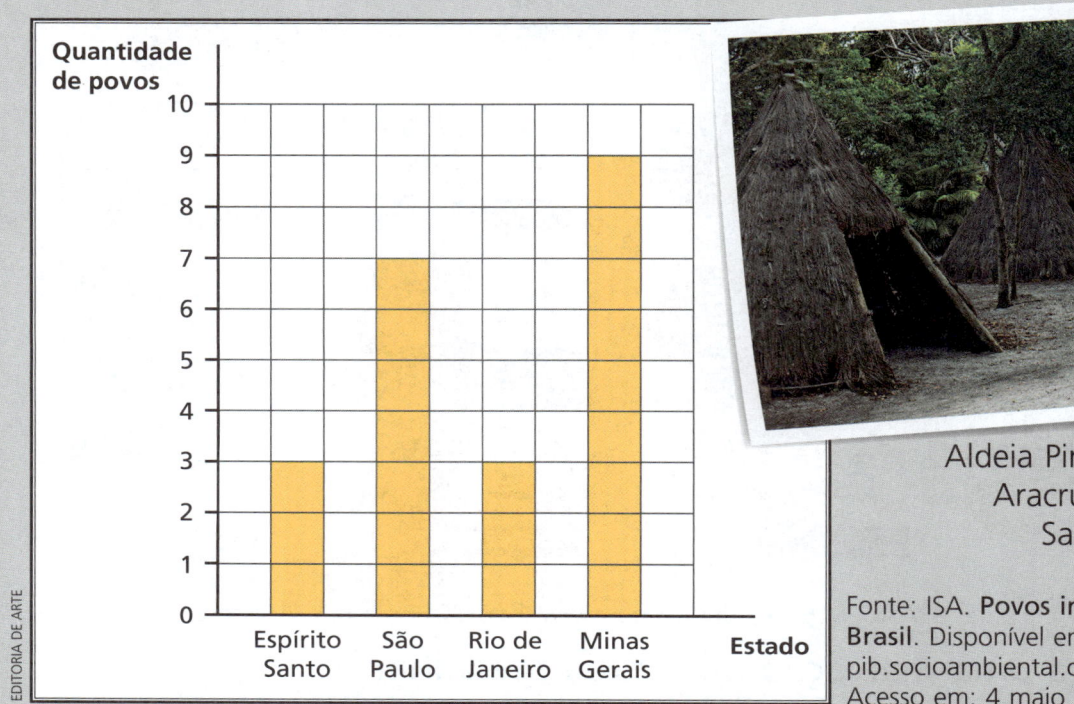

Aldeia Piraquê Açu. Aracruz, Espírito Santo. 2014.

Fonte: ISA. **Povos indígenas no Brasil**. Disponível em: <https://pib.socioambiental.org/pt>. Acesso em: 4 maio 2017.

- Nesse recorte de jornal, há um **gráfico de colunas**. Cada ▢ representa um povo indígena. No Espírito Santo, por exemplo, existem 3 povos indígenas.

a) Quantos povos indígenas há em cada um desses estados?

- São Paulo
- Rio de Janeiro
- Minas Gerais

b) Em qual dos estados dessa região há mais povos indígenas?

_____

188 Cento e oitenta e oito

2. Cada pessoa tem características próprias, herdadas dos pais. A cor da pele, o formato e a cor dos olhos e o tipo de cabelo são algumas dessas características.

Meu cabelo é liso!

Meu cabelo é ondulado!

Meu cabelo é crespo!

Meu cabelo é encaracolado!

Na tabela abaixo está representado o resultado de uma pesquisa sobre os diferentes tipos de cabelo dos alunos de uma turma.

Tipos de cabelo dos alunos da turma

Tipo de cabelo	Liso	Ondulado	Crespo	Encaracolado
Quantidade de alunos	5	3	6	9

Fonte: Alunos da turma.

- No gráfico abaixo, trace as colunas e, depois, pinte-as de acordo com as informações da tabela acima. Note que a coluna para cabelo liso já foi construída.

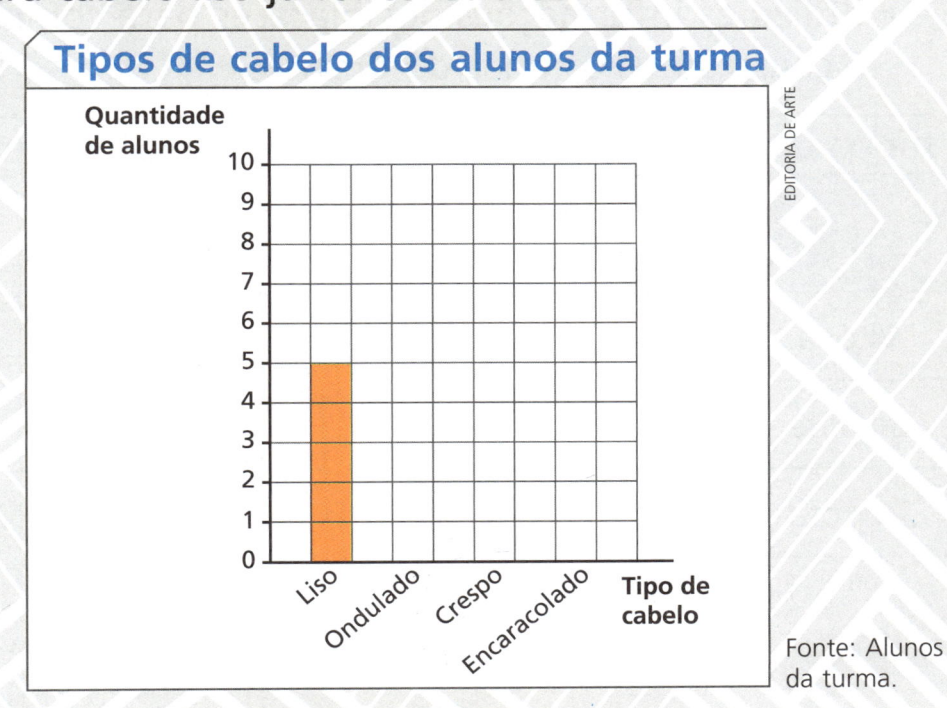

Tipos de cabelo dos alunos da turma

Fonte: Alunos da turma.

Cento e oitenta e nove **189**

3. Veja o placar de cada partida da equipe **Laranja** em um campeonato de futebol na escola. Escreva **V** para as vitórias, **E** para os empates e **D** para as derrotas dessa equipe.

Partida	Placar	Resultado
Laranja x Verde	4 x 3	
Laranja x Vermelha	2 x 3	
Laranja x Amarela	3 x 1	
Laranja x Azul	0 x 0	
Laranja x Roxa	2 x 1	
Laranja x Branca	2 x 3	
Vermelha x Laranja	3 x 3	
Verde x Laranja	0 x 1	
Amarela x Laranja	1 x 1	
Roxa x Laranja	4 x 0	
Azul x Laranja	2 x 3	
Branca x Laranja	3 x 1	

• Utilize as informações dos placares para completar a tabela e construir as colunas do gráfico.

Jogos da equipe Laranja

Resultado	Quantidade de jogos
Vitória	
Empate	
Derrota	

Fonte: Organização do campeonato.

Jogos da equipe Laranja

Quantidade de jogos (eixo de 0 a 7) × Resultado (Vitória, Empate, Derrota)

Fonte: Organização do campeonato.

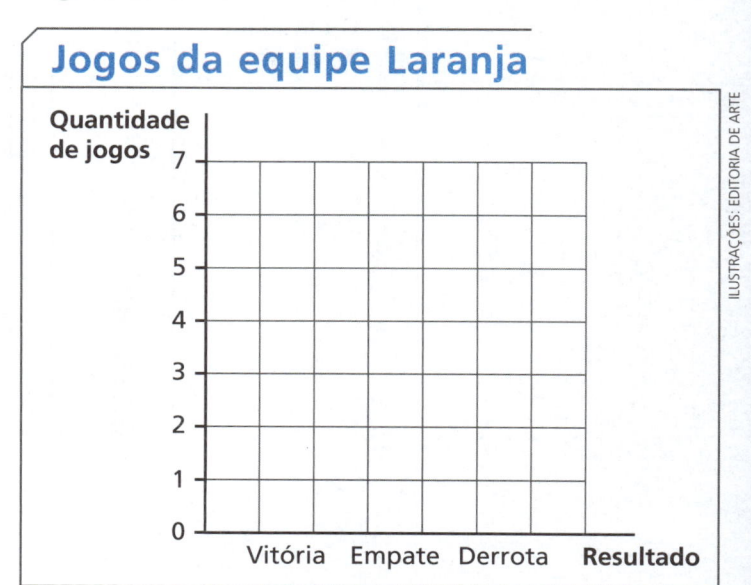

4. Um supermercado tem 100 vagas no seu estacionamento, e uma parte delas é reservada para pessoas com deficiência ou mobilidade reduzida, idosos e gestantes. Observe a quantidade de vagas especiais, de acordo com o tipo, nesse supermercado.

Vagas especiais do estacionamento do supermercado	
Tipo de vaga	Quantidade de vagas
Pessoa com deficiência	3
Idoso	5
Gestante	2

Fonte: Estacionamento.

- Podemos representar essas informações por meio de um **pictograma**, que é um gráfico que usa figuras relacionadas com o assunto.

    Destaque as figuras da página **237** e cole-as para completar o pictograma.

Vagas especiais do estacionamento do supermercado

Tipo de vaga: Pessoa com deficiência, Idoso, Gestante

Quantidade de vagas

Fonte: Estacionamento.

VOCÊ ESCRITOR

5. Leia o texto com o professor e os colegas.

> **I de irmão**
> Bronca, brinquedo, briga,
> para tudo serve irmão,
> mais parceria no riso,
> companhia na aflição.
> [...]
>
> Elza Beatriz. **Pare no p da poesia**.
> São Paulo: FTD, 2013. p. 17.

Agora, você vai ser um pesquisador! Para isso, entreviste 15 pessoas, que podem ser colegas da sua turma ou de outra.

a) Em cada entrevista, pergunte:

Quantos irmãos você tem?

- Indique a seguir, com uma marcação, cada entrevistado de acordo com a quantidade de irmãos.

0 irmão	1 irmão	2 irmãos	3 irmãos	4 ou mais irmãos

b) Agora, organize na tabela os dados da sua pesquisa.

Irmãos dos colegas da escola

Quantidade de irmãos	Quantidade de entrevistados
0 irmão	
1 irmão	
2 irmãos	
3 irmãos	
4 ou mais irmãos	

Fonte: Pesquisa do aluno.

c) Represente no gráfico as informações organizadas na tabela.

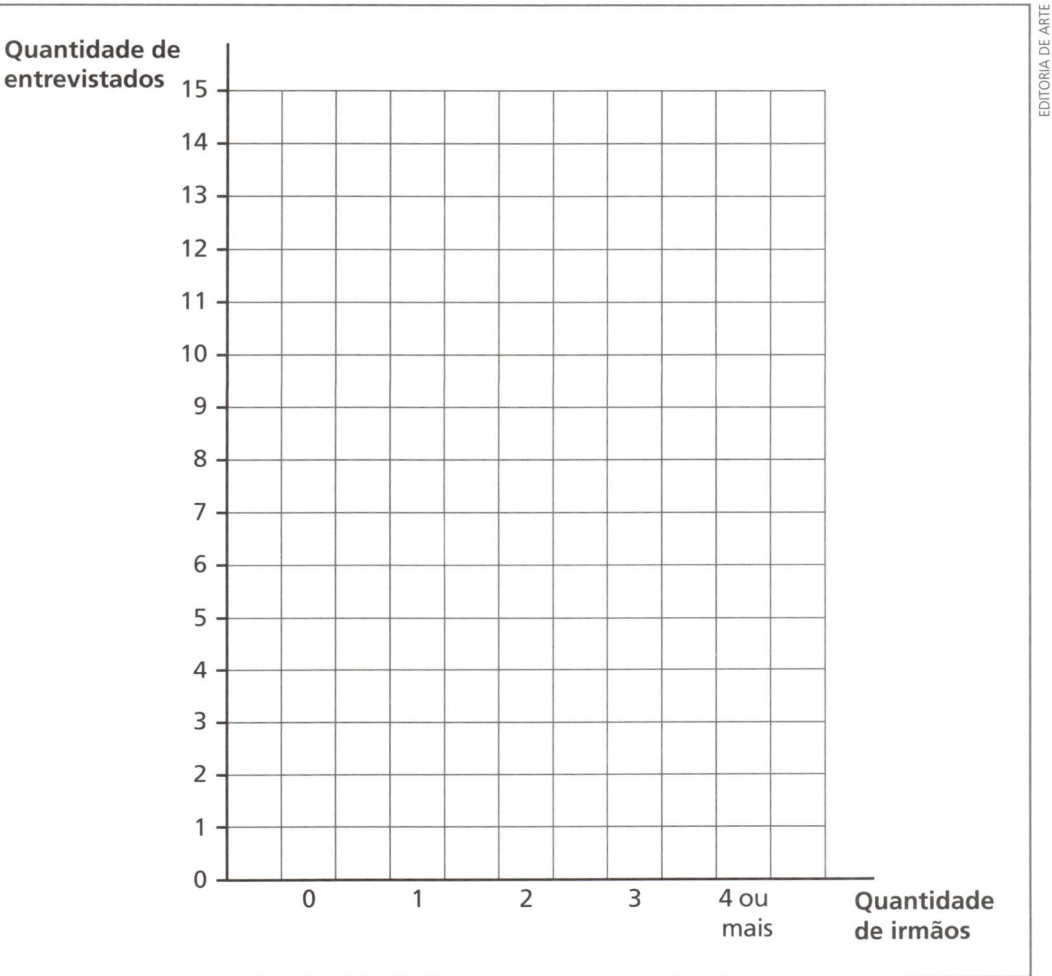

Irmãos dos colegas da escola

Quantidade de entrevistados

(eixo y: 0 a 15)
(eixo x: 0, 1, 2, 3, 4 ou mais — Quantidade de irmãos)

Fonte: Pesquisa do aluno.

d) Responda às questões.

- Quantos irmãos você tem? _____
- Quantos entrevistados são filhos únicos?
_____
- No gráfico, o que indica a coluna mais alta?
_____
_____

Cento e noventa e três **193**

PROBABILIDADE

1. Wagner e Ângela adoram brincar com o jogo de dardos. Observe o alvo desse jogo.

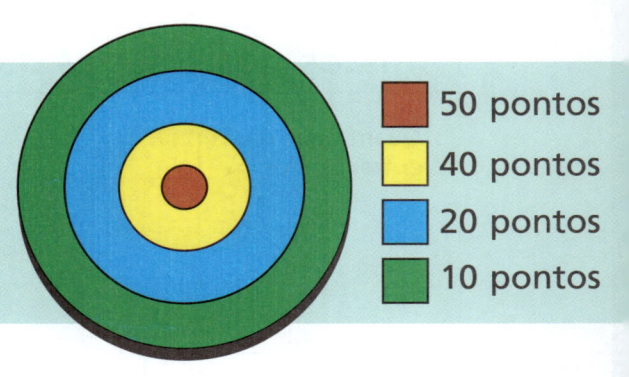

■ 50 pontos
■ 40 pontos
■ 20 pontos
■ 10 pontos

a) Qual parte do alvo vale mais pontos: a vermelha ou a verde? Em sua opinião, por que isso ocorre?

b) Veja onde Ângela acertou seus três dardos e calcule o total de pontos que ela fez nessa rodada.

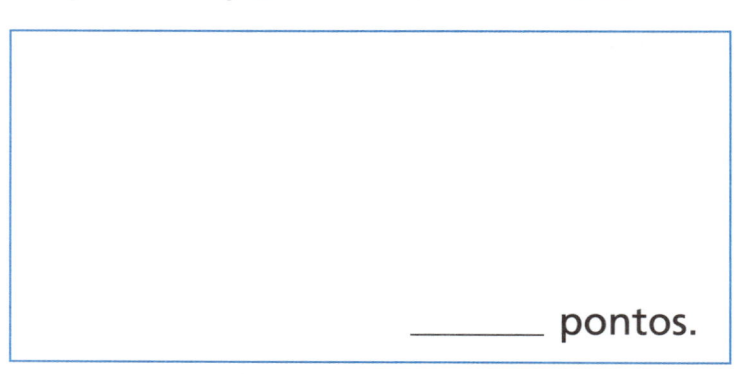

_____ pontos.

c) Veja onde Wagner acertou os dois primeiros dardos e indique os pontos que ele conseguiu.

_____ pontos.

- Wagner vai lançar o último dardo. Você acha que é **possível** ou **impossível** ele obter um total de pontos maior do que Ângela? _____

2. Reúnam-se em duplas para resolver esta atividade.

Cada aluno de uma turma escreveu em um papel o nome do filme que gostaria de assistir na sessão de cinema da escola. Eles poderiam escolher entre os três filmes abaixo.

- Observem os papéis com os votos dos alunos.

PRINCESAS GUARDIÕES Monstros GUARDIÕES GUARDIÕES
Guardiões GUARDIÕES Guardiões Monstros PRINCESAS
GUARDIÕES Princesas GUARDIÕES GUARDIÕES Princesas

a) Organizem na tabela a quantidade de votos para cada filme.

Filmes para a sessão de cinema	
Filme	Quantidade de votos

Fonte: Turma de alunos.

- Para escolher o filme, todos os votos serão colocados em uma caixa e um deles será sorteado.

b) Qual filme vocês acham que será sorteado? Por quê?

c) Dizemos que o filme **mais provável** de ser sorteado é aquele que recebeu mais votos. Já o **menos provável** é aquele com menos votos.

Qual é o filme:

- mais provável de ser sorteado? _____

- menos provável de ser sorteado? _____

3. Talita e Válter estão brincando com fichas coloridas. Cada um sorteia uma ficha, anota a cor e a coloca de volta na caixa.

Continuam até cada um sortear 10 fichas. Vence quem sortear mais vezes a ficha **azul**.

- Veja todas as fichas da brincadeira.

a) Quantas fichas há de cada cor?

🟡 _____   🟠 _____

🟢 _____   🔵 _____

b) Qual é a cor da ficha **mais provável** de ser sorteada?

_____

c) É **muito provável** ou **pouco provável** a ficha **azul** ser a primeira ficha sorteada?

_____

d) Veja as anotações de Talita e Válter em uma partida.

Talita
- 🟡 / / /
- 🟠 / / /
- 🟢 / /
- 🔵 / /

Válter
- 🟡 / / / /
- 🟠 / /
- 🟢 / /
- 🔵 /

• Quem venceu essa partida? _____

e) Reúnam-se em duplas e destaquem as fichas da página **239**. Façam dez sorteios e anotem os resultados nos quadros a seguir.

Nome: _____
- 🟡
- 🟠
- 🟢
- 🔵

Nome: _____
- 🟡
- 🟠
- 🟢
- 🔵

• Completem a tabela de acordo com as marcações.

Fichas sorteadas

Cor	Quantidade sorteada por _____	Quantidade sorteada por _____
Amarela		
Vermelha		
Verde		
Azul		

Fonte: Sorteio dos alunos.

• Quem venceu a partida? _____

JOGOS E BRINCADEIRAS

▼ VAMOS JOGAR BINGO?

MATERIAL

- Cartelas
- Fichas com os números de 1 a 100
- Marcadores (feijões, botões, entre outros)

COMO JOGAR

1 Cada aluno recebe uma cartela, que deve ser preenchida com 15 números de sua preferência, de acordo com as orientações do professor.

2 O professor sorteia um número por vez. Caso o aluno tenha esse número na cartela, deve indicá-lo com um marcador.

3 Em cada partida, deve haver dois tipos de vencedores:
- aquele que conseguir completar uma linha primeiro;
- aquele que conseguir completar uma coluna primeiro.

Se um ou mais alunos completarem, ao mesmo tempo, uma coluna primeiro, eles vencerão a partida. O jogo continua até que alguém complete primeiro uma linha. Este também será um vencedor.

Se sortear o 15, eu vou completar uma linha da cartela!

Cento e noventa e nove **199**

INTEGRANDO COM GEOGRAFIA

DIVERSIDADE CULTURAL

Leia o texto com o professor e os colegas.

Quando eu era pequeno não gostava de ser índio

Todo mundo dizia que o índio é um habitante da selva, da mata, e que se parece muito com os animais. Tinha gente que dizia que o índio é preguiçoso, traiçoeiro, canibal. [...]

Foi meu avô quem me ajudou a superar estas dificuldades. Ele me mostrou a beleza de ser o que eu era. Foi ele quem me disse um dia que eu deveria mostrar para as pessoas da cidade esta beleza e a riqueza que os povos indígenas representam para a sociedade brasileira. [...] Parecia que ele sabia o que iria acontecer no futuro, pois quando deixei minha aldeia fiquei com o compromisso de levar esta riqueza junto comigo, mesmo sem saber se minha vida na cidade seria positiva ou não.

[...] Quero dizer aos pequenos leitores que existem outros modos de viver e esses modos não são melhores ou piores, são apenas diferentes.

Daniel Munduruku. **Coisas de índio**: versão infantil. São Paulo: Callis, 2003. p. 6-7.

O autor desse texto, Daniel Munduruku, é um indígena nascido na aldeia Maracanã, no Pará.

Ele escreve livros que retratam a realidade dos indígenas brasileiros.

Capa do livro **Um estranho sonho de futuro**, escrito por Daniel Munduruku.

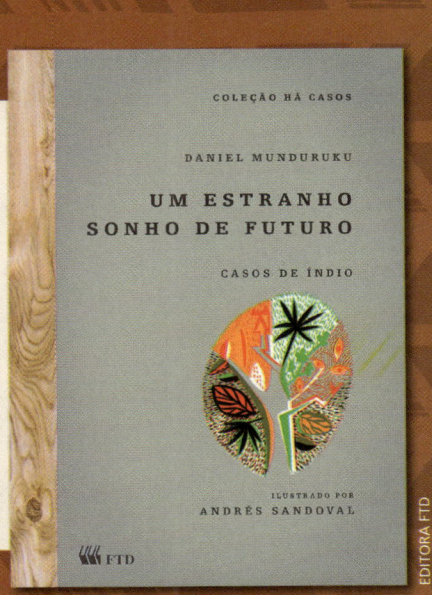

1. Responda às questões de acordo com o texto.

    a) Qual era a opinião das pessoas sobre os indígenas? O que você pensa sobre isso?

    b) Daniel permaneceu em sua aldeia? Sublinhe no texto o trecho que justifica sua resposta.

2. No Brasil, há vários povos indígenas, com diferentes culturas e tradições.

    Observe a tabela ao lado.

    Povos indígenas que habitam o Brasil, por região

Região	Quantidade
Centro-Oeste	53
Nordeste	63
Norte	167
Sudeste	21
Sul	13

    Fonte: ISA. **Povos indígenas no Brasil**. Disponível em: <https://pib.socioambiental.org/pt>. Acesso em: 8 maio 2017.

    a) Quantos povos indígenas há na região Nordeste?

    _____

    b) Em que região há maior quantidade de povos indígenas?

    _____

    c) Pesquise um povo indígena que habita a região em que você mora. Depois, em uma folha de papel sulfite, faça um desenho retratando as características desse povo.

UM POUCO MAIS

1. Um artesão confeccionou peças de decoração com formas que lembram figuras geométricas espaciais. Observe.

a) Registre, na tabela, a quantidade de peças que lembram cada forma. Em seguida, desenhe e pinte as colunas no gráfico para representar as informações da tabela.

Peças de decoração

Forma	Quantidade de peças
Cubo	
Bloco retangular	
Pirâmide	
Esfera	
Cone	
Cilindro	

Fonte: Dados do artesão.

Peças de decoração

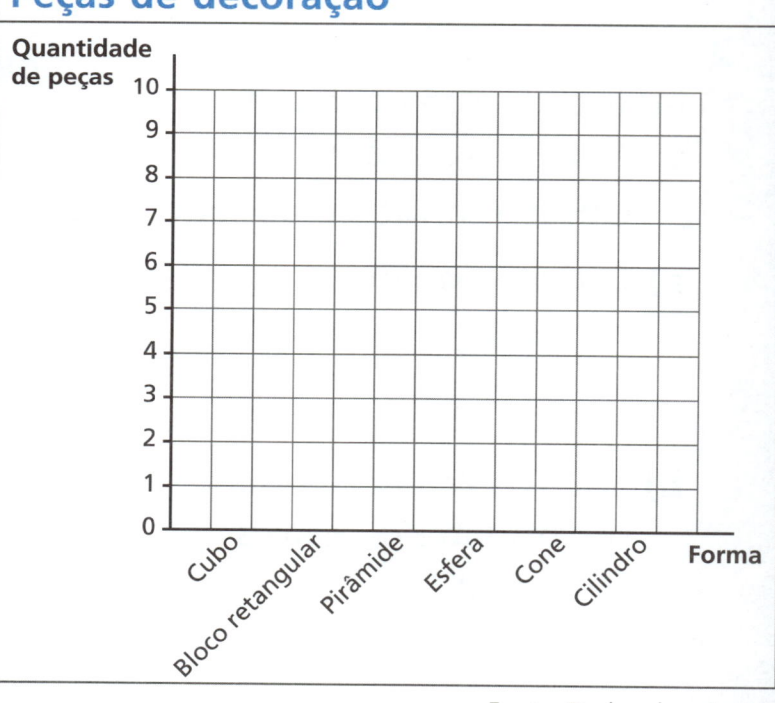

Quantidade de peças (eixo vertical de 0 a 10); Forma (eixo horizontal: Cubo, Bloco retangular, Pirâmide, Esfera, Cone, Cilindro).

Fonte: Dados do artesão.

b) Escreva uma questão sobre a tabela ou o gráfico no caderno e troque-a com um colega. Depois, verifiquem as respostas obtidas.

2. Leia as dicas a seguir, faça cálculos mentais para descobrir a idade de Felipe e de seus familiares e complete a tabela.

Lívia tem o dobro da idade de Felipe.

Marina é a caçula da família.

Pablo é mais velho do que Cristina.

Idade de Felipe e de seus familiares	
Nome	Idade
	23 anos
	58 anos
	12 anos
	46 anos
	20 anos

Fonte: Família de Felipe.

3. Karen vai girar uma roleta para ganhar um prêmio.

  a) Complete as frases.

   • Karen vai ganhar o livro se a roleta parar na cor _____.

   • Se a roleta parar na cor azul, Karen ganha um _____.

  b) É possível saber o prêmio que Karen vai ganhar antes de ela girar a roleta? _____

  c) Ao girar a roleta, é **possível** ou **impossível** que Karen ganhe uma bola? _____

  d) Qual prêmio é mais provável que Karen ganhe: um livro ou um quebra-cabeça? _____

UNIDADE 8
FIGURAS GEOMÉTRICAS PLANAS

- O que está acontecendo na cena destas páginas?
- Você já se pintou e vestiu como as crianças da cena?
- Descreva a pintura dos braços do menino que está sendo pintado pela professora.

DIA INTERNACIONAL DOS POVOS INDÍGENAS

LAÍS BICUDO

Duzentos e cinco **205**

LINHAS CURVAS E LINHAS RETAS

As pinturas corporais indígenas são feitas com tintas naturais, extraídas de plantas, sementes, carvão, entre outros materiais. Essas pinturas são usadas em comemorações ou outros rituais, como nascimento e caça. Os desenhos podem conter **linhas curvas** ou **linhas retas** e representar animais ou outros elementos da natureza.

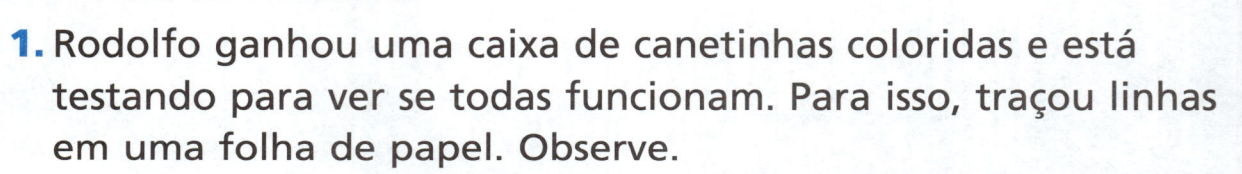

1. Rodolfo ganhou uma caixa de canetinhas coloridas e está testando para ver se todas funcionam. Para isso, traçou linhas em uma folha de papel. Observe.

- Agora, escreva quais linhas são:

a) curvas. _____

b) retas. _____

206 Duzentos e seis

2. Trace uma linha reta e uma linha curva. Depois, compare com as linhas traçadas por um colega.

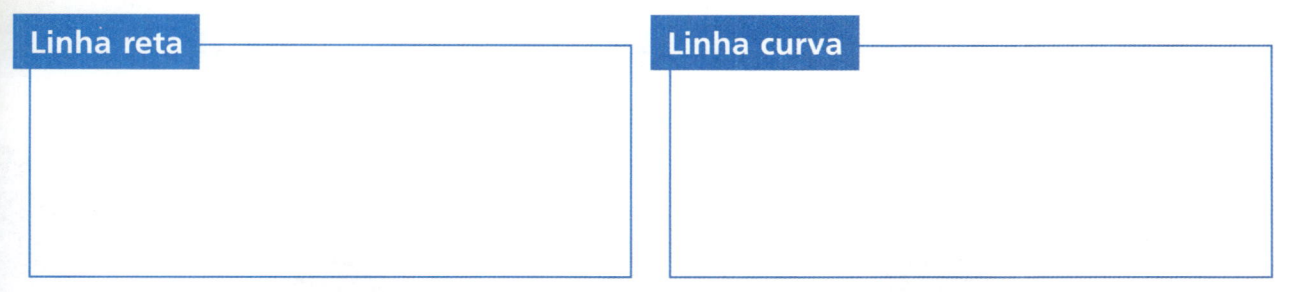

Linha reta	Linha curva

3. Luma desenhou algumas figuras com contornos formados apenas por linhas retas e outras com contornos formados apenas por linhas curvas. Observe.

- Pinte o interior das figuras que Luma desenhou, de acordo com a legenda.

  ▬ Contorno formado apenas por linhas retas.
  ▬ Contorno formado apenas por linhas curvas.

4. Agora é sua vez! Desenhe duas figuras de sua preferência: uma com o contorno formado apenas por linhas retas, e outra, apenas por linhas curvas.

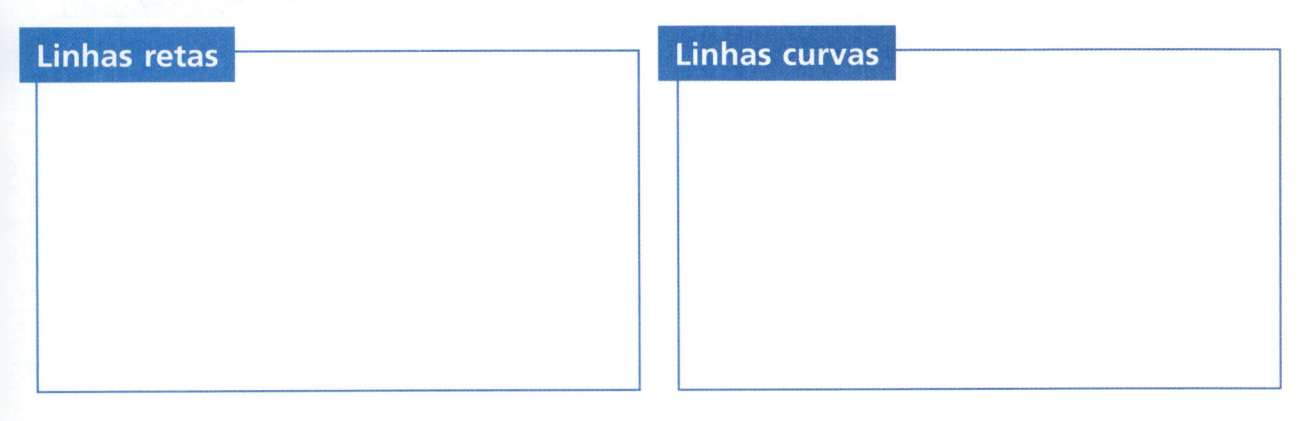

Linhas retas	Linhas curvas

Duzentos e sete **207**

FIGURAS GEOMÉTRICAS PLANAS

1. Rafael, Nicole, Carla e José estão traçando o contorno de uma parte de alguns objetos que lembram figuras geométricas espaciais. Observe.

Rafael

Nicole

Carla

José

ILUSTRAÇÕES: ALEX RODRIGUES

a) Os amigos terminaram de traçar o contorno das figuras e depois pintaram o interior de cada uma. Suas formas lembram figuras geométricas planas. Descubra quem desenhou cada figura e escreva o nome dessa pessoa.

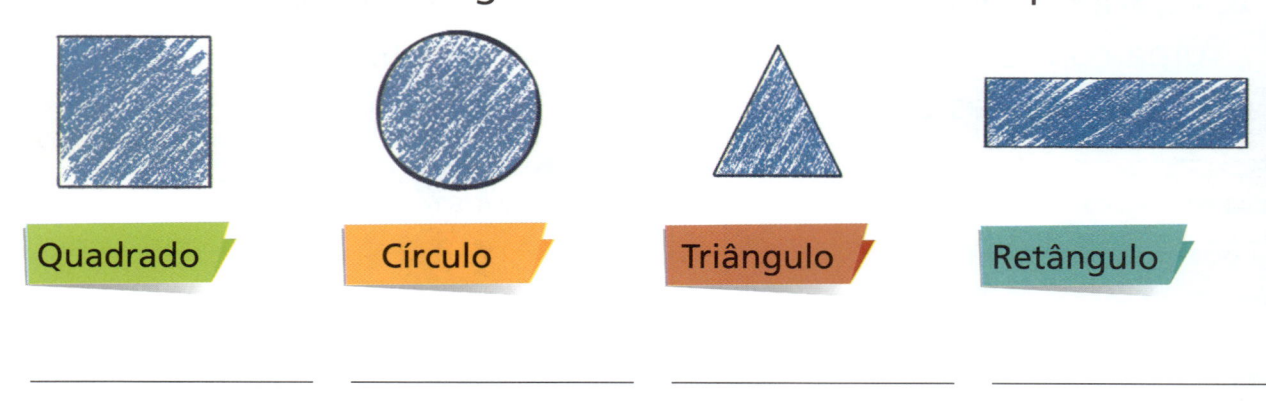

Quadrado   Círculo   Triângulo   Retângulo

b) Qual das figuras tem o contorno formado apenas por linha curva? _____

2. Leila foi a uma loja de móveis para comprar um conjunto de mesa com cadeiras. Observe os modelos dos quais ela gostou.

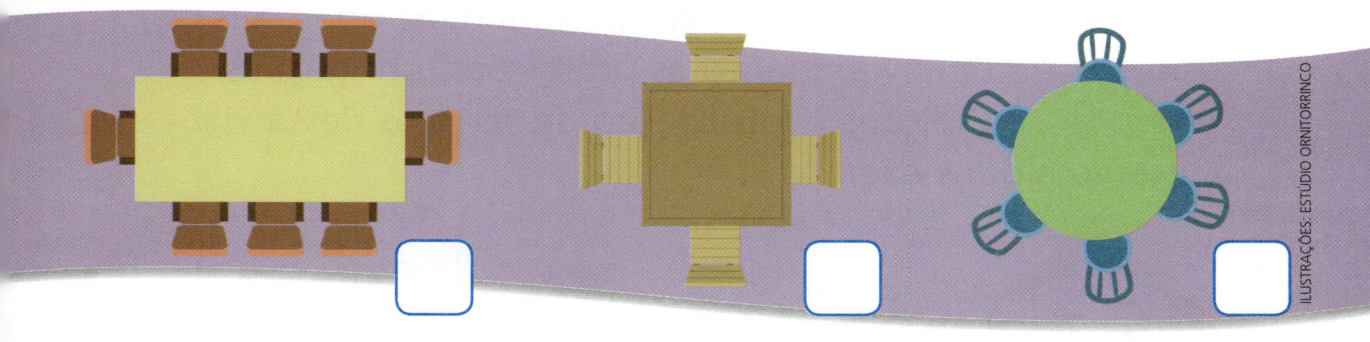

a) Qual é o conjunto com mais cadeiras? Marque com um ✘.

b) O tampo de cada mesa lembra a forma de uma figura geométrica plana. Escreva na tabela a quantidade de cadeiras que acompanham cada tipo de mesa.

Conjuntos de mesas e cadeiras	
Forma do tampo	Quantidade de cadeiras
Círculo	
Quadrado	
Retângulo	

Fonte: Loja de móveis.

3. Você já brincou de montar figuras com palitos? Observe a figura que Diogo montou.

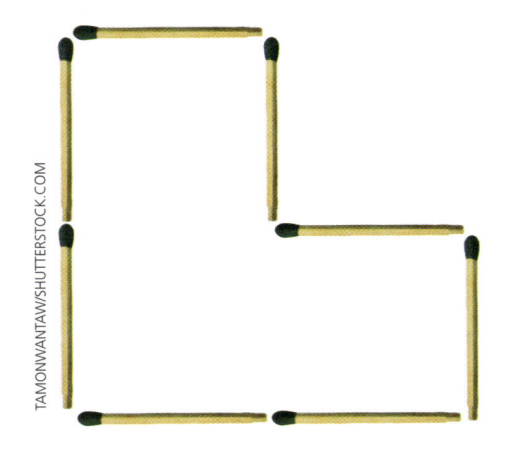

- Reproduza essa figura usando palitos. Depois, mova dois palitos e forme uma figura cuja forma lembra a de um quadrado. Desenhe, no caderno, a figura formada e pinte o interior dela.

Duzentos e nove **209**

VOCÊ LEITOR

4. As placas de trânsito, por meio de símbolos, orientam os usuários de uma via quanto às proibições, obrigações, restrições, condições e localização de serviços dessa via. Observe alguns exemplos.

a) Cada placa tem uma forma que lembra uma figura geométrica plana. Escreva, no quadrinho, o número correspondente à figura.

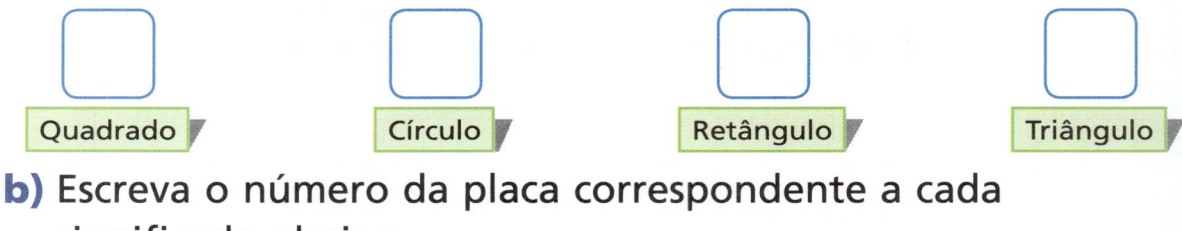

☐ Quadrado   ☐ Círculo   ☐ Retângulo   ☐ Triângulo

b) Escreva o número da placa correspondente a cada significado abaixo.

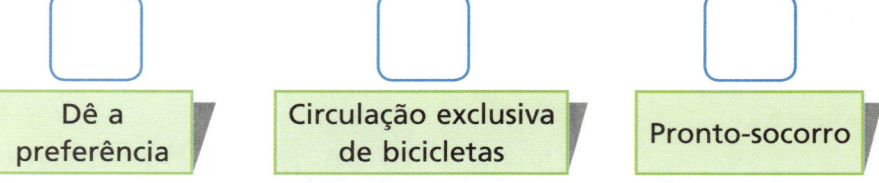

☐ Dê a preferência   ☐ Circulação exclusiva de bicicletas   ☐ Pronto-socorro   ☐ Semáforo à frente

5. Na bandeira do estado de Minas Gerais é possível ver uma figura vermelha que lembra um triângulo. Contorne essa bandeira.

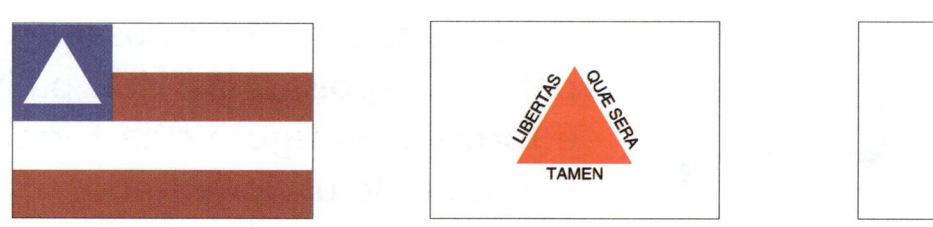

Pesquise o significado da expressão em latim presente na bandeira do estado de Minas Gerais.

210 Duzentos e dez

6. Sérgio pegou suas moedas de real, separou algumas e desenhou os contornos no papel. Observe.

| 1 real | 50 centavos | 25 centavos | 10 centavos |

- Escreva o valor das moedas que Sérgio usou para obter cada figura abaixo, que lembra o contorno de um círculo.

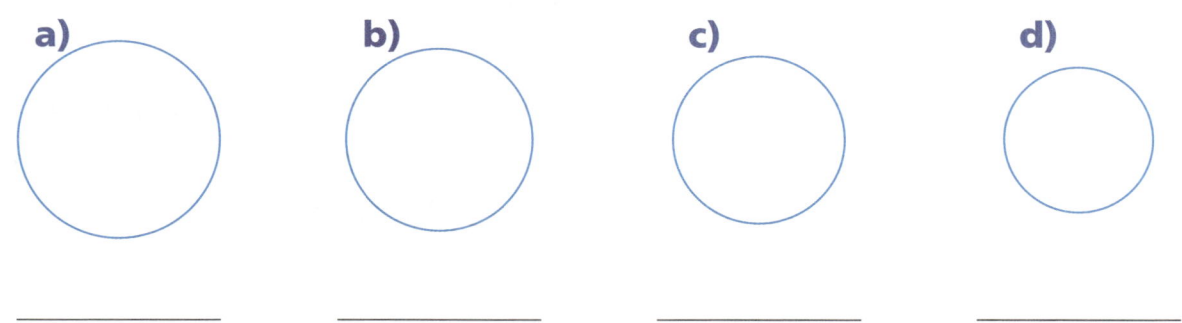

a)   b)   c)   d)

_____   _____   _____   _____

7. Vamos descobrir qual é a figura? Observe a legenda e termine de traçar o caminho com base na sequência de setas.

Note que as setas contornadas já foram representadas.

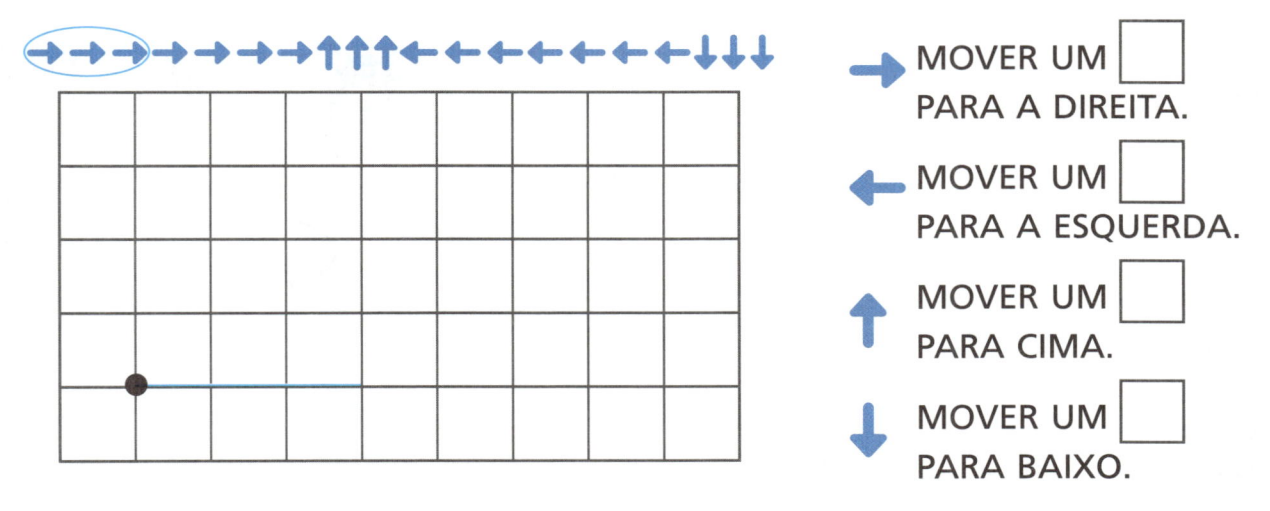

→→→→→→→↑↑↑←←←←←←←←↓↓↓

→ MOVER UM ☐ PARA A DIREITA.

← MOVER UM ☐ PARA A ESQUERDA.

↑ MOVER UM ☐ PARA CIMA.

↓ MOVER UM ☐ PARA BAIXO.

- Pinte o interior da figura formada. Ela lembra a forma de uma figura geométrica plana. Qual é o nome dela?

_____

Duzentos e onze **211**

JOGOS E BRINCADEIRAS

◣ CARTÃO DE NATAL DE DOBRADURA

Vamos montar um cartão de Natal fazendo dobradura?

MATERIAL
- TRÊS FOLHAS DE PAPEL QUADRADAS DE DIFERENTES TAMANHOS
- UMA FOLHA DE PAPEL RETANGULAR

Faça as dobraduras com as folhas de papel quadradas de acordo com a sequência de fotografias a seguir. Cada folha de papel quadrada vai formar uma parte da árvore de Natal.

Agora, dobre o papel retangular ao meio e cole as partes que você fez, com os papéis quadrados, para montar a árvore de Natal. Depois, personalize seu cartão com desenhos, colagens e mensagens.

Mãos à obra!

Duzentos e treze **213**

VISTAS

1. Daniel fotografou um triciclo infantil para anunciar a venda pela internet. As fotografias apresentam a **vista de cima** ou **superior**, a **vista lateral** e a **vista de frente** ou **frontal** desse brinquedo.

- Escreva a vista correspondente a cada fotografia.

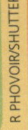

_____

_____

_____

2. Reúnam-se em duplas para resolver esta atividade.

Enzo desenhou a **vista de frente** de alguns objetos. Observem.

- Escrevam o nome da forma de cada figura geométrica plana representada e liguem-na ao objeto correspondente.

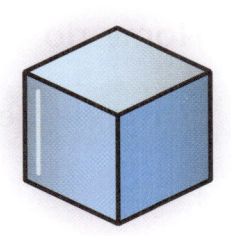

3. Flávia organizou algumas caixas em seu quarto.

- Qual das figuras abaixo corresponde à **vista de cima** das quatro caixas? Marque a resposta com um ✗.

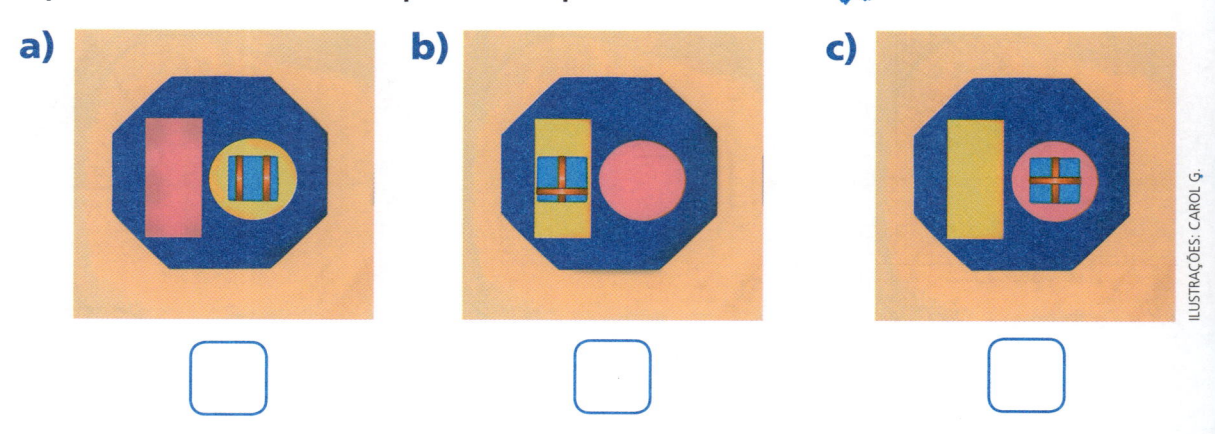

a)   b)   c)

4. Agora é sua vez! Escolha e desenhe um objeto tomando como base as diferentes vistas.

Nome do objeto: _____

Vista de frente	Vista lateral	Vista de cima

5. Observe a silhueta da **vista de frente** de algumas embalagens.

- Marque ✗ no quadro em que as embalagens estão dispostas de acordo com essa silhueta.

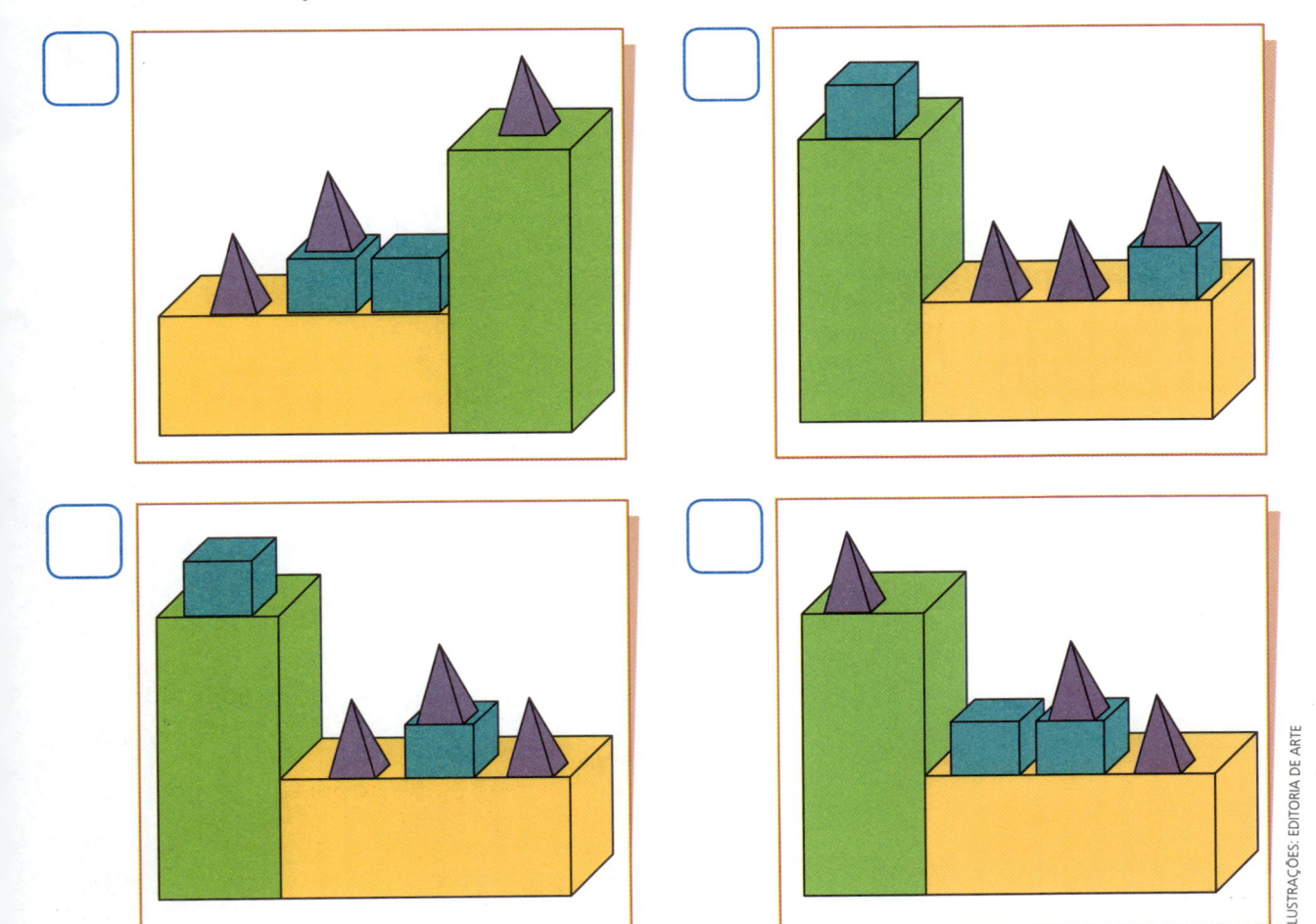

VOCÊ CIDADÃO

DESCARTE DE EMBALAGENS

Utilizamos muitas embalagens no dia a dia. Descartá-las de maneira adequada ajuda a preservar o ambiente.

Veja algumas dicas:

Enxaguar e separar as embalagens.

Quando possível, amassar as embalagens, para que ocupem menos espaço no material descartado.

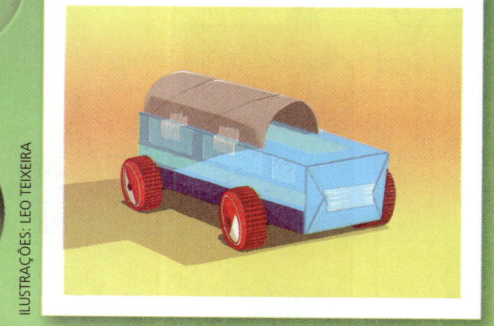

Reutilizar embalagens, dando a elas outras utilidades.

ILUSTRAÇÕES: LEO TEIXEIRA

Cuidado ao descartar embalagens de vidro! Elas devem ser enroladas em jornal ou papelão para evitar acidentes.

Evitar o uso de embalagens de isopor por causa da dificuldade de reciclagem.

1. Quais são os produtos que você consome cujas embalagens devem ser enxaguadas antes de fazer o descarte?

2. Marque com um ✗ o material que precisa ser enrolado em jornal ou papelão para o descarte.

☐ Metal ☐ Plástico ☐ Vidro

3. Observe a **vista de frente** e desenhe a **vista lateral** do carrinho apresentado na página anterior.

Vista de frente

Vista lateral

Duzentos e dezenove **219**

UM POUCO MAIS

1. Alguns artistas podem ser reconhecidos pelo tipo de traço presente em suas obras. Observe a reprodução de duas obras de arte.

Quim Alcântara. **Jardim secreto**. 2014. Acrílico sobre tela, 200 cm × 120 cm.

Tarsila do Amaral. **Caipirinha**. 1923. Óleo sobre tela.

a) Marque com um ✗ o quadro correspondente à obra formada apenas por linhas curvas.

b) Agora, o artista é você! Desenhe e pinte, no caderno, uma composição formada apenas por linhas retas.

2. Leia o texto abaixo e descubra de qual forma pode ser a figura sugerida. Marque a resposta com um ✗.

> O meu contorno
> assim é feito:
> quatro linhas retas
> de mesmo comprimento!
>
> Texto do autor.

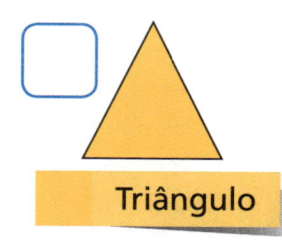

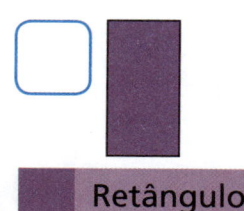

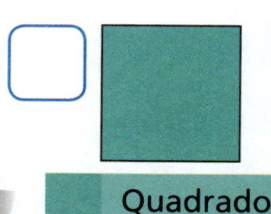

Triângulo   Retângulo   Quadrado   Círculo

220 Duzentos e vinte

3. Heitor estava brincando com fichas que apresentam formas que lembram figuras geométricas planas. Observe como ele organizou essas fichas.

a) Qual é a característica que Heitor observou para organizar essas fichas?

b) Vamos organizar essas fichas observando outras características? Desenhe e organize as fichas em dois grupos.

Figuras com o contorno formado apenas por linhas retas	Figuras com o contorno formado apenas por linha curva

4. Gisele adora o jogo de recolher ovelhas. O objetivo é colocar as ovelhas nos diferentes cercados. Observe as ovelhas que Gisele recolheu na 1ª fase.

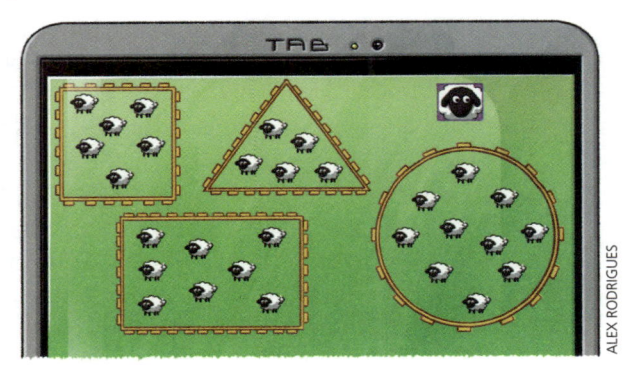

a) Escreva quantas ovelhas Gisele colocou no cercado cujo contorno lembra o de um:

- círculo: _____ ovelhas.
- retângulo: _____ ovelhas.
- quadrado: _____ ovelhas.
- triângulo: _____ ovelhas.

b) Para passar de fase, é preciso recolher no mínimo 30 ovelhas. Gisele conseguiu passar de fase? _____

Duzentos e vinte e um **221**

FIQUE LIGADO

Sugestões de livros

Unidade 1 – Os números até 100

Numeródromo, de Telma Guimarães. São Paulo: FTD, 2017.
O livro conta a história de um divertido espetáculo de circo. Nas apresentações de cada artista, o leitor pode explorar os números que indicam quantidade e ordem.

Unidade 2 – Figuras geométricas espaciais, localização e deslocamento

O homem que amava caixas, de Stephen Michael King. São Paulo: Brinque Book, 1997.
O livro conta a história de um homem que adorava caixas e tinha dificuldade em demonstrar o amor que sentia por seu filho. Ele, então, começou a construir, com as caixas, diversos objetos para o menino. O leitor pode explorar a forma dos diferentes tipos de caixas apresentados no livro.

Unidade 3 – Grandezas e medidas

A peteca do pinto, de Nílson José Machado. São Paulo: Scipione, 2003.
No livro, um pintinho queria fazer uma peteca. Para isso, ele arrancou algumas penas de sua mãe, a Galinha. Por causa disso, o pai Galo o deixou de castigo por certo tempo, determinado pela quantidade de penas retiradas da mãe.

Lá vem o Ano Novo, de Ruth Rocha. São Paulo: Salamandra, 2010.
Na casa do tempo e na Terra, todos estavam preparados para começar o Ano-Novo. Mas houve um problema: quando chegou a hora de Dona Meia-Noite passar para a Terra, ela resolveu fazer greve. Com essa história, o leitor vai aprender sobre medidas de tempo e intervalos.

Se você fosse um centímetro, de Marcie Aboff. São Paulo: Gaivota, 2011.
No livro, ilustrado de forma divertida, exploram-se situações cotidianas em que é possível utilizar unidades de medidas como o centímetro. O leitor também vai obter informações sobre alguns instrumentos de medidas de comprimento, como a régua e a fita métrica.

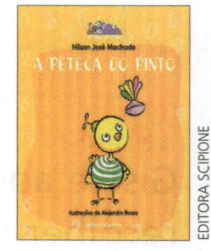

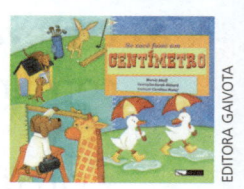

Unidade 4 – Os números até 1 000

...E eles queriam contar, de Luzia Faraco Ramos Faifi. São Paulo: Ática, 2012. (Coleção Turma da Matemática).
O livro conta a história de Adelaide e Caio, dois pastores de cabras que viviam no tempo em que os números ainda não tinham sido inventados, e eles descobriram um jeito de contar as cabras do seu rebanho. No decorrer dessa história, o leitor vai explorar a construção da ideia de dezena.

Pés na areia: contando de dez em dez, de Michael Dahl. São Paulo: Hedra Educação, 2012. (Coleção Matemática para crianças).

O livro conta a história de um grupo de pessoas que está de férias e foi à praia se divertir. O leitor é convidado a descobrir quantos dedos dos pés essas pessoas vão afundar na areia contando de dez em dez até chegar a 100.

Unidade 5 – Adição e subtração com números até 1000

Se você fosse um sinal de menos, de Trisha Speed Shaskan. São Paulo: Gaivota, 2011.

Com ilustrações curiosas, o livro apresenta situações cotidianas em que os personagens, que são animais, utilizam subtrações. O leitor vai explorar termos como resto e diferença, além de fazer adição para verificar o resultado da subtração.

Unidade 6 – Multiplicação

Onde estão as multiplicações?, de Luzia Faraco Ramos Faifi. São Paulo: Ática, 2012. (Coleção Turma da Matemática).

No livro, Adelaide precisa encontrar exemplos de multiplicação no dia a dia para apresentar na feira de Matemática. Para isso, ela pede ajuda a Leonardo, que também está fazendo essa pesquisa. Juntos, eles identificam diversas situações em que se utiliza essa operação.

Paisagem de pássaros, de Eun Sun Han. São Paulo: Callis, 2009.

O livro conta a história de um carpinteiro que constrói casas de pássaros, pendurando-as em árvores de uma floresta. Com o passar do tempo, os pássaros vão morar nas casas, o que deixa o carpinteiro feliz. O leitor vai explorar as primeiras noções de multiplicação.

Unidade 8 – Figuras geométricas planas

Uma incrível poção mágica, de Sin Ji-Yun. São Paulo: Callis, 2009.

O livro conta a história da bruxa Vanda, uma mulher preguiçosa que tinha o sonho de ficar em casa sem fazer nada, nem mesmo mover um dedo. Um dia, ela resolveu fazer uma poção mágica para realizar seus desejos, como o de transformar objetos de diferentes formas em qualquer outra coisa.

Sugestões de *sites*

Ciência Hoje das Crianças | Disponível em: <http://ftd.li/hhxvni>. Acesso em: 25 jul. 2017.
Educação Financeira | Disponível em: <http://ftd.li/ab5jtn>. Acesso em: 25 jul. 2017.
Escola *Kids* | Disponível em: <http://ftd.li/kzizkz>. Acesso em: 25 jul. 2017.
Folhinha Uol | Disponível em: <http://ftd.li/nuy8qr>. Acesso em: 25 jul. 2017.
IBGE – *Teen* | Disponível em: <http://ftd.li/xu86cc>. Acesso em: 25 jul. 2017.
Revista Recreio | Disponível em: <http://ftd.li/tfejb3>. Acesso em: 25 jul. 2017.
Sacilotto | Disponível em: <http://ftd.li/tc2zya>. Acesso em: 25 jul. 2017.

BIBLIOGRAFIA

ALMEIDA, Lourdes Werle de; SILVA, Karina Pessôa da; VERTUAN, Rodolfo Eduardo. **Modelagem matemática na educação básica**. São Paulo: Contexto, 2012.

AUSUBEL, David Paul; NOVAK, Joseph Donald; HANESIAN, Helen. **Psicologia educacional**. Tradução de Eva Nick et al. 2. ed. Rio de Janeiro: Interamericana, 1980.

BORBA, Marcelo de Carvalho; PENTEADO, Miriam Godoy. **Informática e educação matemática**. 5. ed. Belo Horizonte: Autêntica, 2016. (Tendências em Educação Matemática).

BOYER, Carl Benjamin. **História da Matemática**. Tradução de Elza F. Gomide. São Paulo: Edgard Blücher; Edusp, 1974.

BROUSSEAU, Guy. **Introdução ao estudo das situações didáticas**: conteúdos e métodos de ensino. São Paulo: Ática, 2008.

CARAÇA, Bento de Jesus. **Conceitos fundamentais da Matemática**. Lisboa: Gradiva, 1991.

COLL, César; TEBEROSKY, Ana. **Aprendendo Matemática**. São Paulo: Ática, 2000.

D'AMBROSIO, Ubiratan. **Educação matemática**: da teoria à prática. 23. ed. Campinas: Papirus, 2013.

EVES, Howard. **Introdução à história da Matemática**. Tradução de Hygino H. Domingues. Campinas: Editora da Unicamp, 2004.

FERREIRA, Mariana K. Leal. **Ideias matemáticas de povos culturalmente distintos**. São Paulo: Global, 2002. (Série Antropologia e Educação).

FREIRE, Paulo. **Pedagogia da autonomia**: saberes necessários à prática educativa. 43. ed. São Paulo: Paz e Terra, 2011.

IFRAH, Georges. **História universal dos algarismos**: a inteligência dos homens contada pelos números e pelo cálculo. Tradução de Alberto Muñoz e Ana Beatriz Katinsky. Rio de Janeiro: Nova Fronteira, 1997. 2 v.

KAMII, Constance. **A criança e o número**. Campinas: Papirus, 2007.

KAMII, Constance; DECLARK, Georgia. **Reinventando a Aritmética**: implicações da teoria de Piaget. Campinas: Papirus, 1996.

LINDQUIST, Mary Montgomery; SHULTE, Alberto P. (Org.). **Aprendendo e ensinando Geometria**. Tradução de Hygino H. Domingues. São Paulo: Atual, 1994.

LOPES, Maria Laura M. Leite. **Tratamento da informação**: explorando dados estatísticos e noções de probabilidade a partir de séries iniciais. Rio de Janeiro: Instituto de Matemática/UFRJ-Projeto Fundão, 2005.

LUCKESI, Cipriano C. **Avaliação da aprendizagem escolar**: estudos e proposições. 22. ed. São Paulo: Cortez, 2011.

MACHADO, Nílson José. **Matemática e língua materna**: análise de uma impregnação mútua. 5. ed. São Paulo: Cortez, 2001.

MONTEIRO, Alexandrina; POMPEU JUNIOR, Geraldo. **A Matemática e os temas transversais**. São Paulo: Moderna, 2001.

NEVES, Iara Conceição Bitencourt et al. **Ler e escrever**: compromisso de todas as áreas. 9. ed. Porto Alegre: Editora da UFRGS, 2011.

NUNES, Terezinha et al. **Educação matemática**: números e operações numéricas. São Paulo: Cortez, 2005.

OLIVEIRA, Vera Barros de. **Jogos de regras e a resolução de problemas**. Petrópolis: Vozes, 2004.

ONUCHIC, L. R.; ALLEVATO, N. S. G. Novas reflexões sobre o ensino-aprendizagem de matemática através da resolução de problemas. In: BICUDO, Maria Aparecida Viggiani; BORBA, Marcelo de Carvalho. (Org.). **Educação matemática**: pesquisa em movimento. 4. ed. São Paulo: Cortez, 2012.

PAIS, Luiz Carlos. **Educação escolar e as tecnologias da informática**. Belo Horizonte: Autêntica, 2008. (Coleção Trajetória).

PANIZZA, Mabel. **Ensinar Matemática na Educação Infantil e nas séries iniciais**: análise e propostas. 2. ed. Porto Alegre: Artmed, 2006.

PARRA, Cecília; SAIZ, Irma (Org.). **Didática da Matemática**: reflexões psicopedagógicas. Porto Alegre: Artmed, 2001.

POLYA, George. **A arte de resolver problemas**: um novo aspecto do método matemático. Tradução de Heitor Lisboa de Araújo. Rio de Janeiro: Interciência, 1995.

PONTE, João Pedro da; BROCARDO, Joana; OLIVEIRA, Hélia. **Investigações matemáticas na sala de aula**. 3. ed. Belo Horizonte: Autêntica, 2016. (Tendências em Educação Matemática).

SCHILLER, Pam; ROSSANO, Joan. **Ensinar e aprender brincando**: mais de 750 atividades para Educação Infantil. Tradução Ronaldo Cataldo Costa. Porto Alegre: Artmed, 2008.

SOUZA, Eliane R. de et al. **A Matemática das sete peças do tangram**. 2. ed. São Paulo: CAEM/IME-USP, 1997.

TOMAZ, Vanessa Sena; DAVID, Maria Manuela Martins Soares. **Interdisciplinaridade e aprendizagem da Matemática em sala de aula**. Belo Horizonte: Autêntica, 2012. (Coleção Tendências em Educação Matemática).

TOLEDO, Marília; TOLEDO, Mauro. **Teoria e prática de Matemática**: como dois e dois. São Paulo: FTD, 2010.

DOCUMENTOS OFICIAIS

BRASIL. Ministério da Educação. **Base Nacional Comum Curricular**: Educação é a Base. Proposta preliminar. Terceira versão. Brasília: MEC, 2017. Disponível em: <http://basenacionalcomum.mec.gov.br/images/BNCC_publicacao.pdf>. Acesso em: 8 maio 2017.

BRASIL. Ministério da Educação. **Diretrizes Curriculares Nacionais para a Educação Básica**: diversidade e inclusão. Brasília: SEB/DICEI, 2013.

BRASIL. Ministério da Educação. Secretaria de Educação Fundamental. **Parâmetros Curriculares Nacionais**: Matemática. Brasília, 1997.

MATERIAL COMPLEMENTAR

Peças do material dourado

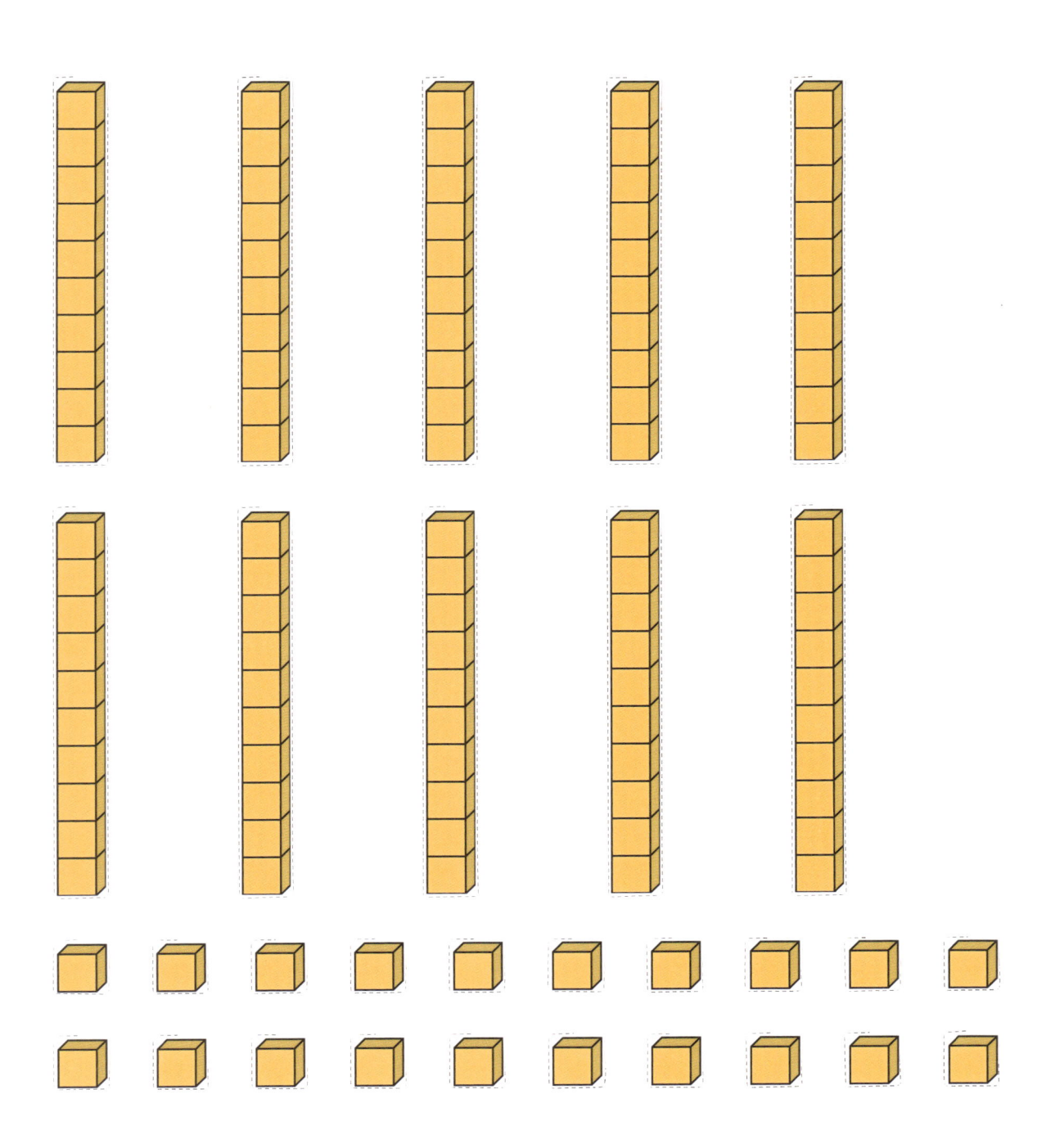

Molde de um bloco retangular — Atividade **13** da página **57**

228 Duzentos e vinte e oito

Molde de um cubo — Atividade **13** da página **57**

Molde de uma pirâmide – Atividade **13** da página **57**

Duzentos e trinta e um **231**

Clipes – Atividade **5** da página **79**

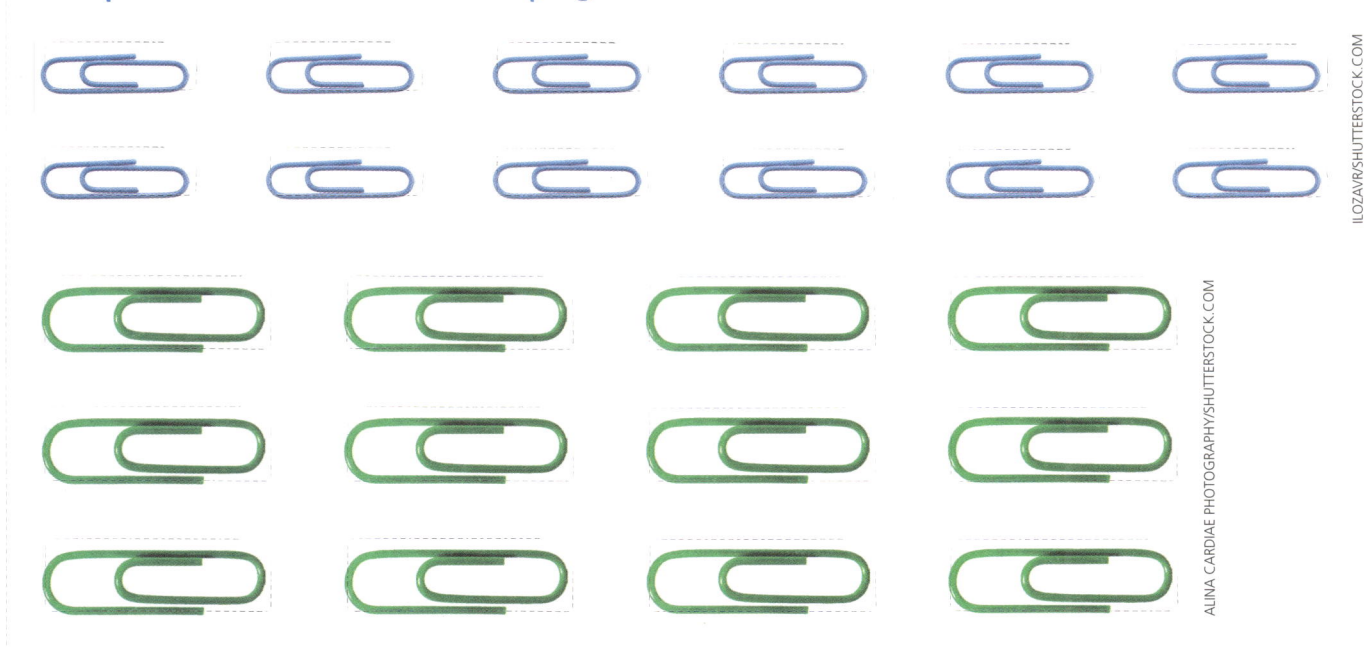

Fichas – Atividade **3** da página **161**

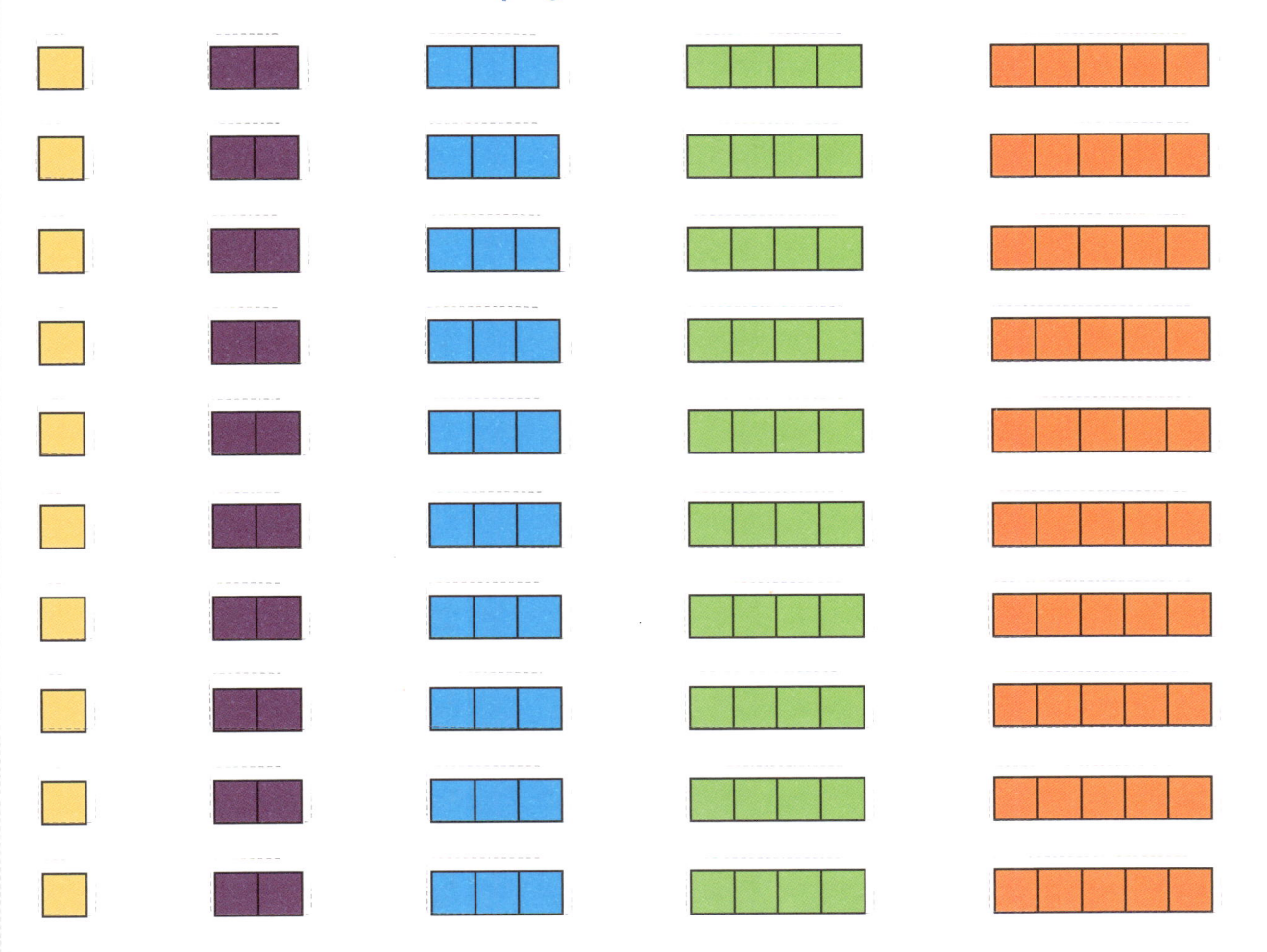

Duzentos e trinta e cinco 235

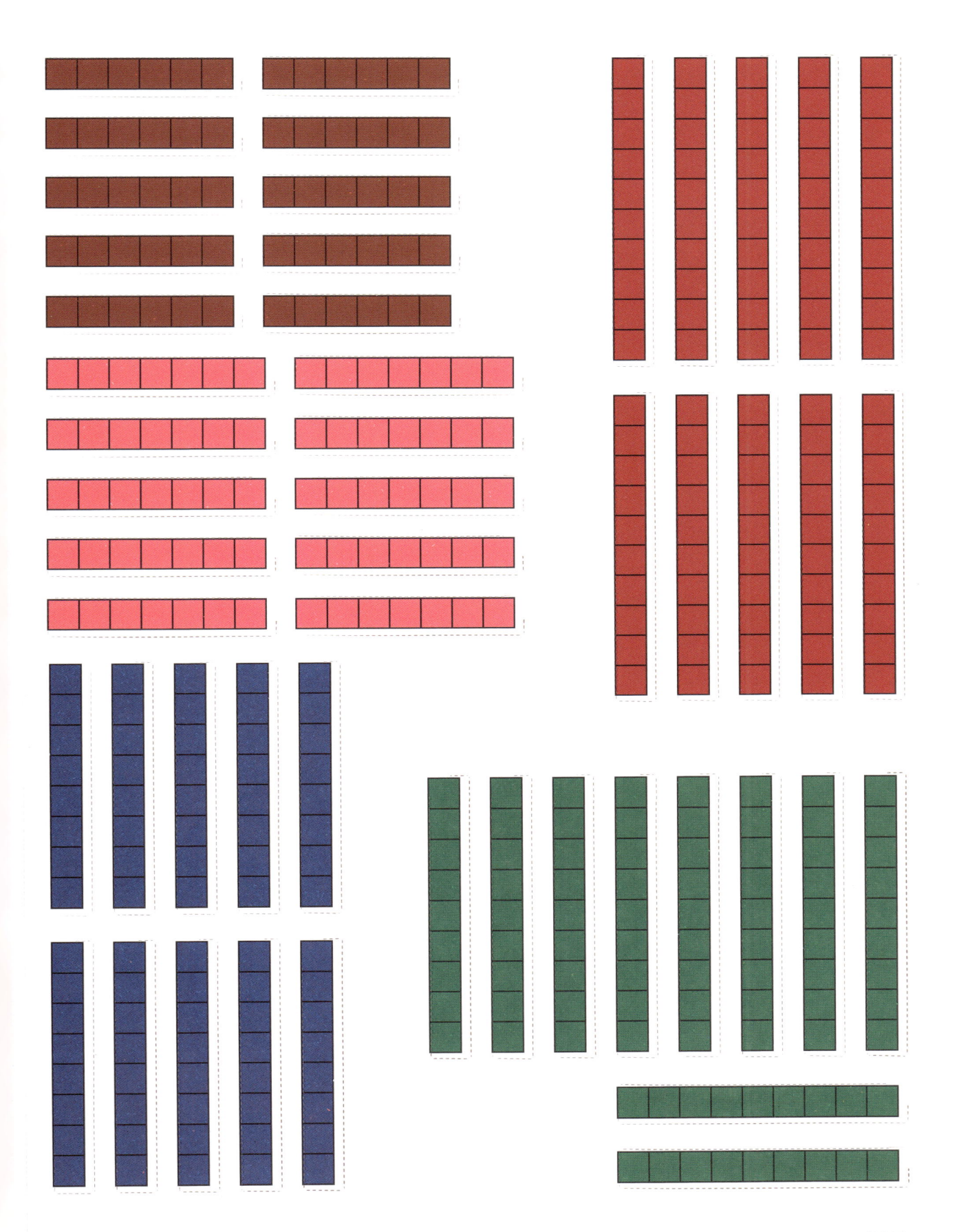

Fichas – Atividade 4 da página 191

Pessoas com deficiência

Idosos

Gestantes

Fichas para sorteio – Atividade **3** da página **197**

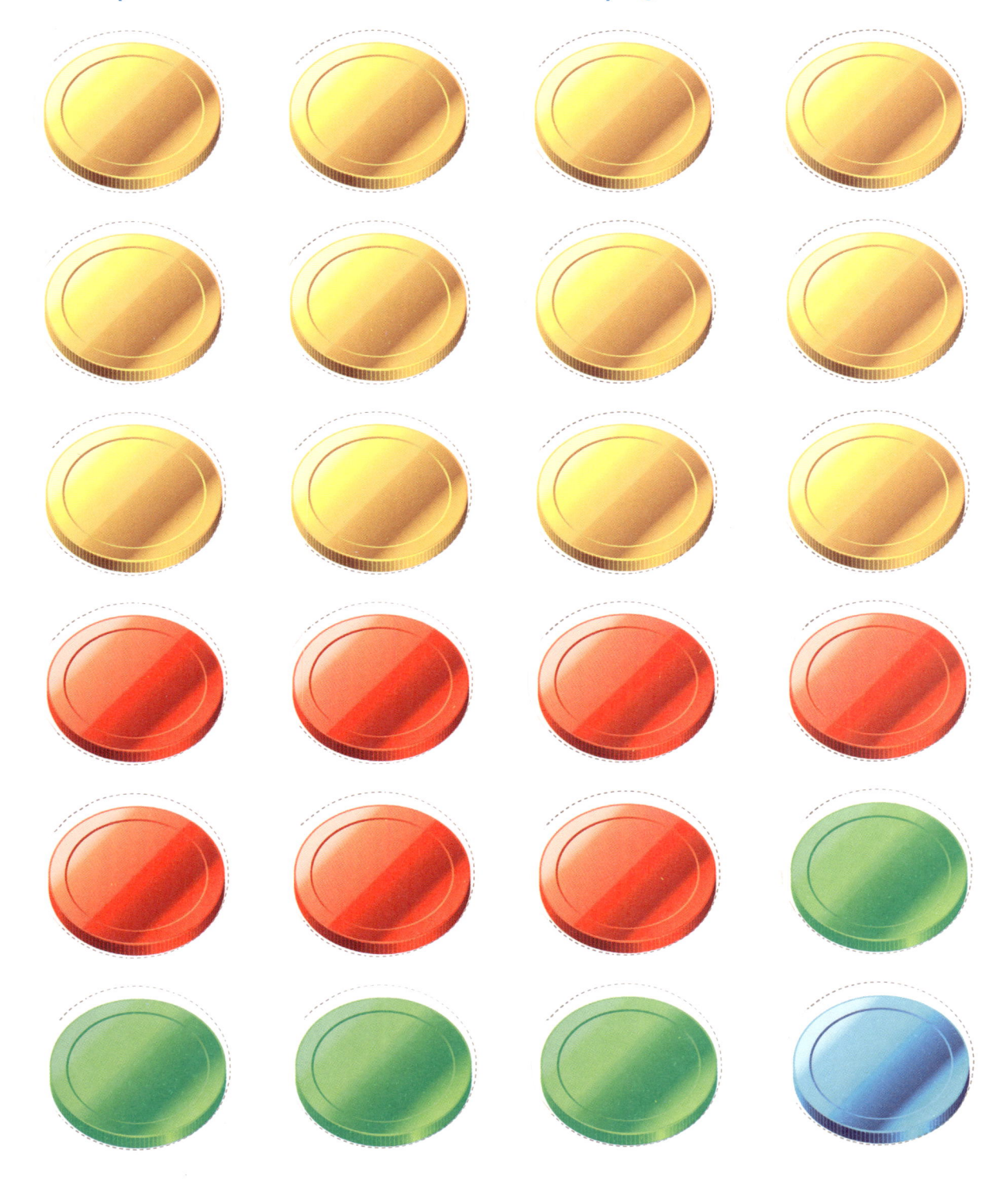

Duzentos e trinta e nove **239**